EL PERFECTO GUIONISTA DEL UNIVERSO

EL PERFECTO GUIONISTA DEL UNIVERSO

Dios ya estuvo en tu futuro y sabe que llegarás a destino…

F.A. Silva

Primera edición: 2022

Diseño de edición: Letrame Editorial.
Maquetación: Juan Muñoz
Diseño de portada: Rubén García
Supervisión de corrección: Ana Castañeda

ISBN: 978-84-1114-546-6

DEPÓSITO LEGAL: AL 270-2022

IMPRESO EN ESPAÑA – UNIÓN EUROPEA

A todas las generaciones que nunca se darán por
vencidas en creer en la esperanza.

ÍNDICE

AGRADECIMIENTOS

Agradezco el privilegio de la vida. No conozco en qué temporada estás leyendo este libro, pero en el tiempo en que escribo estas líneas, estamos recién saliendo de una pandemia mundial. El hecho de que todavía cuento con el privilegio de estar vivo y que otros también lo estén, es algo por el cual estaré por siempre agradecido.

Agradezco a todos mis mentores; a esos héroes anónimos que fueron parte de mi formación. Honro y bendigo a esas personas puestas en mi vida con propósito; que sin saberlo, estaban siendo utilizados para que finalmente llegara hacia destino.

Gracias a mis padres por siempre proveerme educación, cuidado y seguridad en los años de la niñez donde todos los seres humanos somos vulnerables.

También agradezco por tu vida y por el hecho de que tengas este libro en tus manos. Gracias por creer de antemano que lo que estas líneas expresan acerca de ti va a inevitablemente suceder por medio de la fe.

Muchas de las historias que aquí comparto han sido historias que yo mismo he vivido, que otras personas me han compartido y lo que en el trayecto de mi propia vida he aprendido. Los nombres de muchas personas han sido cambiados u omitidos para preservar su privacidad.

Gracias a todos los que no se dan por vencidos, a los que perseveran, a los que se caen para luego levantarse una vez más. Celebro a todos los que han decidido seguir creyendo, reinventarse después de una caída y mantenerse con un rostro lleno de esperanza.

Mil gracias por empezar la jornada más maravillosa de toda tu vida, y creer en un Dios bueno. Gracias por tomar la decisión de embarcarte en este maravilloso trayecto hacia el cumplimiento de tu destino. Porque es aquí donde conocerás primeramente y de manera personal al Perfecto Guionista del Universo; a ese Dios que ya estuvo en tu futuro y sabe que llegarás a destino.

Con sincero agradecimiento por siempre.

F.A. Silva.

INTRODUCCIÓN

Estás a punto de ir a un nuevo nivel. Los mensajes del cielo siempre buscan llegar a su destinatario. Estoy seguro de que te has encontrado con estas líneas en el momento justo. No hay casualidades, no existen tales cosas como coincidencias.

Quiero comentarte algo acerca del lenguaje. El idioma en que Dios el Creador del cielo y de la tierra decidió dar su mensaje, es el hebreo. Es el idioma original de las Escrituras. Curiosamente, en el idioma hebreo no existe la palabra "Coincidencia". No hay una palabra en dicho idioma, que haga referencia a lo que en el mundo occidental atribuimos a la idea acerca del concepto de «Coincidencia». Y es que si Dios no incluyó la palabra «Coincidencia» en el idioma escogido para transmitir su mensaje, es porque no la reconoce como algo existente. Para Dios solo existen propósitos, no coincidencias.

Hay muchas palabras que no están incluidas como conceptos en nuestro lenguaje, que incluimos en este lado del mundo y hemos adoptado como nuestras. En este caso te comparto acerca de la palabra «Coincidencia». Porque tanto en tu vida, como en la de todos, únicamente existen propósitos. Todo lo creado tiene un propósito. El hecho de que tengas este libro en tus manos tiene un propósito, una misión, un mensaje que tenía que llegar a ti. Tú eres el destino y la razón principal por el cual este libro fue escrito.

Todos los seres humanos necesitamos diferentes necesidades en lo emocional, físico, psicológico y espiritual. Sin embargo, hay tres necesidades de las más importantes para el ser humano que necesitan ser suplidas, y estas son: el sentido de identidad, aceptación y pertenencia. Esa es la razón principal por la cual muchos se unen a clubs, membresías o muchos se van por la vía de pertenecer a pandillas u otros grupos delictivos; para así suplir precisamente esas necesidades internas que todos tenemos.

La sociedad se esfuerza día a día por toda clase de medios para cambiar la identidad de todas las personas que pueden cautivar por medio de pantallas o todo lo relacionado con el mercadeo de sus productos. El fin de todo este bombardeo de ideas es alejar a las personas de lo que el Creador quiere que sean, a lo que la sociedad quiere que sea; para que haya el continuo consumo de sus productos. Es esa clara propaganda a la luz del día, que se esfuerza en decirte que si usas o compras determinados productos, entonces serás aceptado y pertenecerás a una exclusiva elite. La conclusión es que, si no es Dios quien te supla estas necesidades, la buscarás por obtenerla de otras fuentes.

Pero es cuando allí el Señor tu Dios entra en escena. El Dios que te cableó en el vientre de tu madre, es el Único que puede suplir ese sentido de aceptación, identidad y pertenencia de una forma real.

En las Escrituras puedes ver que en muchos ejemplos en que Dios les cambió el nombre a las personas que Él ya había decidido utilizar y llevarlos hacia destino. Por ejemplo, le cambió el nombre a Abram por Abraham, que significa «Padre de naciones»; el de Jacob fue cambiado por Israel, y el de Simón fue cambiado por Pedro, que significa «Roca». Los nombres de estos hombres necesitaban ser cambiados para que adoptaran la identidad por la cual fueron puestos en esta tierra. El principio de toda tu identidad es que sepas sin ninguna duda quién eres y quién no eres. Puede que hasta la fecha no sabes quién eres, ni para lo que naciste; sin embargo, eso está a punto de cambiar.

Cuando Dios marca a alguien con un destino, todo lo que esa persona experimente es para que sea transformada. Las caídas, los desaciertos, las veces que te equivocas, e incluso tus debilidades; son utilizadas para transformarte hacia una nueva identidad.

De una manera u otra, todos hemos sido moldeados por el ambiente en que fuimos criados, nuestras experiencias a temprana edad, las relaciones que hemos tenido y las experiencias de vida. A todo esto también se suma el incansable intento del mundo de tratar de inyectar en ti una identidad alejada de tu diseño divino original. Y es cuando todas estas preguntas acerca de ti mismo no están resueltas, es cuando te sientes sin futuro ni esperanza.

Sin embargo, aunque este haya sido tu caso en todos estos años, estás a punto de ir un nuevo nivel y descubrir tu sentido de identidad, aceptación y pertenencia. Ya tienes dentro de ti todo lo que el Creador decidió poner en el vientre de tu madre, para que cumplieras tu misión. Esa misión tiene que ver con tus dones, talentos y lo que Dios usará para que ayudes a otros en el camino.

¿Por qué te menciono acerca de ayudar a otros? Porque tu dolor también es utilizado para sanar a otros. Sucede que cuando te enfocas en vendar las heridas de otros, Dios se encargará de sanar tus propias heridas. Ningún dolor ni herida es desperdiciado en tu vida.

Nadie ha pasado por este lado de la eternidad sin llegar a estar herido en algún punto de su trayecto. Nadie ha tenido la fortuna de salir ileso de esta vida. Ya sea que te hayas caído por las decisiones de otros tomaron hacia ti, o por tus propias decisiones. Lo importante es que ninguna de esas heridas podrá detener tu destino. Ni siquiera tus equivocaciones harán que el Creador se desentienda de ti, o te deje a la mitad del camino.

Este libro ha sido escrito como un puente para ayudarte a que te llenes de esperanza, y para que conozcas a un Dios sobrenatural. Ya cuentas con lo que hace falta para que se cumpla tu destino. También las estaciones sin lógica en tu vida servirán para encaminarte hacia ese propósito.

Sin conocer los detalles de tu historia, ya han sido bastantes las decepciones, las caídas, el menosprecio y los episodios de injusticia que has experimentado. Y aunque nunca fuiste, no eres, ni serás una víctima; puede que todavía dentro de ti haya pensamientos que quieran arrastrarte a vivir como una. Pero todo esto está a punto de quedar atrás. La buena noticia es que al final, todo ha servido para formarte.

He venido a decirte por medio de estas líneas que el mejor capítulo de tu vida está recién por comenzar. Te convertirás en un prisionero de la esperanza, en alguien que nunca se rinde, de esas personas que no abandonan por fuerte que soplen los vientos.

También aprenderás a no compararte con otros. Porque cuando sabes que eres único y tu identidad está sólida, la comparación ya no será más parte de ti. La vida real no es lo que se ve en las redes sociales. La vida está llena de muchas cosas no visibles en las redes. Así que todas esas fotos con todo y sus filtros, no es la realidad. El caer en la trampa de la comparación en las redes sociales termina siendo un engaño. Porque al final del día, te estás comparando con nada más una parte de la vida que alguien decide exponer y filtrar. La realidad es que todos de alguna manera u otra estamos cursando una materia de vida, y aprendiendo sus inevitables lecciones.

Así que, antes de comenzar, nada más quiero decirte que no estás solo, y que tu vida no está peor que otros. Que te entiendo cuando has querido abandonarlo todo y dejar de creer. Te entiendo cuando muchas veces te has sentido sin fuerzas para continuar y te preguntas de manera constante: «¿Hasta cuándo?». Y es que lo abrumador del momento presente no te ha dejado ver un futuro y te ha nublado la posibilidad de vislumbrar la luz al final del túnel. Pero hay esperanza, tienes una misión que cumplir y llegarás a destino.

Finalmente gracias por aferrarte a la esperanza, no darte por vencido, y por creer que lo mejor está por venir.

PRIMERA PARTE

IDENTIDAD

CAPÍTULO 1

Esto va para alguien

«Un mensaje siempre encontrará la manera de llegar a su destinatario».

Dios se ha propuesto llevarte hacia destino. Como te mencionaba en la introducción, no hay casualidades, solo propósitos. Y el propósito de este libro es que tengas esperanza, aumente tu fe en medio de la prueba y que llegues a destino.

Sé que les estoy escribiendo a muchas personas que todavía sienten que no tienen un propósito en su vida. Puede que te encuentres en la posición en que los años han transcurrido y pareciera que la vida se tratará de encontrar la manera de sobrevivir y pagar las facturas a fin de mes. No creerás los millones de personas que han bajado al sepulcro sin haber conocido su propósito, o han pasado sus días nada más existiendo, y han terminado en una realidad gris y sin pasión.

Sé que Dios te ha destinado un propósito desde el principio de tu nacimiento. Únicamente el Creador puede saber exactamente el propósito de su creación. Para saber cuál es a cabalidad el propósito de un producto y su manejo, es haciéndole preguntas a su inventor. Puedes a un producto darle cualquier uso que decidas pero, al final, únicamente usándolo como fue destinado por su inventor es como realmente cumplirá de manera completa su propósito. En realidad fue idea del Creador de que nacieras. Dice en la palabra de Dios en el libro de salmos:

«Porque tú formaste mis entrañas; tú me hiciste en el vientre de mi madre». *Salmos 139:13.*

La vida es mucho más que cumplir metas. Ponerse metas es importante, no obstante, sin un propósito, es nada más cumplimientos de logros sin real satisfacción. La fama, el dinero y todo lo que la sociedad establece como éxito no es realmente satisfactorio si no hay algo más por qué vivir. Si lo que la sociedad nos describe como éxito fuera todo, no habría suicidios entre las estrellas de Hollywood o no supiéramos de famosos que acaban con su vida con un cóctel de drogas en la bañera de su lujoso hotel.

Piensa que perseguir algo por motivaciones erróneas te dejará vacío. Nadie te dice eso mientras el mundo te seduce con sus ideas de éxito. Prácticamente, el mundo estafa a las personas con su propuesta de éxito. Reflexiona que hay algo más por qué vivir. No hay nada de malo en cumplir metas, y trabajar duro para ofrecerte una mejor calidad de vida para ti y los tuyos. El problema es cuando esas metas son un fin en sí mismas, y dejas a un lado un propósito eterno.

La mente del ser humano es una máquina poderosa. Si una mente está enfocada y disciplinada puede lograr cualquier cosa. El problema es que el ser humano no puede saber lo que es mejor para él. Cualquier filosofía, sin importar cuál sea su envoltura de autoayuda, si se inclina a poner al hombre como su propio dios, está destinada a una decepción. Y es que Dios en su soberanía no es una fuerza impersonal manipulable. A Él no lo manejan la tecnología, el avance de la ciencia, el voto popular de las masas, ni deseos egoístas.

A través de la historia hemos podido ver cómo el ser humano no ha podido lograr una vida satisfactoria lejos de su Creador. Y no te hablo de pertenecer a una institución religiosa, o que te fanatices con doctrinas de hombres como un medio de escape para no enfrentar la vida. Hablo de caminar hacia tu destino, sabiendo que un Dios sobrenatural actúa en tu día a día en las cosas naturales.

Por más que nos afanemos en encerrar a Dios entre cuatro paredes, gustos personales y formas anticuadas de hacer las cosas, el universo entero fue creado por Él y toda la creación está para darle gloria absoluta.

Puedes leer en los evangelios que Jesús pasaba más tiempo en las calles que en las sinagogas o templos. Y es que Él sabía que en la calle, en el día a día, era donde se encontraría con los rostros de la necesidad, y con la gente rota que corresponderían a las buenas nuevas.

Un mensaje siempre encontrará la manera de llegar a su destinatario. Todos necesitamos la guía divina. En nuestro trabajo, en nuestros estudios, en las relaciones, en saber cuál es el mejor camino a tomar. Todos necesitamos tener una relación con el Creador para saber y conocer cuál es la senda correcta de nuestro destino. Fíjate lo que dice *Salmos 32:8*:

«El Señor dice: 'Te guiaré por el mejor sendero para tu vida; te aconsejaré y velaré por ti'».

Si te fijas, dice que serás guiado por «el mejor sendero». No dice por el camino «más o menos bueno», por el camino «mediocre», por el camino «aunque sea»; dice por «el mejor sendero». Eso es precisamente lo que el ser humano nunca ha podido determinar por sí mismo, cuál es lo mejor camino para él. Siempre pensamos que lo mejor es determinada carrera, determinado trabajo, determinada pareja, determinado proyecto; y fallamos en preguntarle a quien ya estuvo en nuestro futuro y sabe cuál es el mejor camino a tomar.

Lo mejor que te puede pasar es que sea revelado a ti cuál es tu mejor senda, tu camino y el propósito para el cual naciste. Cualquier otra cosa no tiene comparación a ello. Aun si se llegaran a cumplir todos tus sueños, si no van encaminados al propósito por el cual naciste, te encontrarás en la cima de una montaña rodeado de insatisfacción.

Sé que ha sido bastante lo que has tenido que enfrentar. Si has caminado lo suficiente por este trayecto llamado vida; ya te habrás encontrado con temores, fracturas en las relaciones, traiciones, errores cometidos por otros hacia ti, y decepciones.

Nuevamente, te recuerdo que en la actualidad, por mucho que se trate de las redes sociales, no es la vida real. Las fotos de Instagram no te van a mostrar los errores, los desaciertos o los problemas maritales en una pareja. Lleva a esto a la vida real. Cada quien sabe lo que se esconde tras una sonrisa o tras esa foto publicada en los medios. No pienses que tus problemas son únicos, que has sido una víctima de las circunstancias o que pareciera que otros están viviendo una vida a la cual no hay manera de que tengas acceso.

Absolutamente, todos estamos cursando materias de vida. Sí es cierto que muchos ya hemos caminado bastante y hemos estado siendo reparados por años, pero eso no nos quita de seguir cursando las materas que Dios nos establece para enseñarnos y hacernos crecer.

El estar sanos y completos no es un destino fijo, sino una trayectoria de toda la vida. Estás en un trayecto de transformación interior ya sea que te sientas alguien con poca fe o que te pares ante una multitud para que te escuchen. Nadie puede huir de este trato de vida en este lado de la eternidad.

Por eso titulé a este primer capítulo: «Esto va para alguien». Porque sé que te puedes relacionar con el sentirte sin esperanza, que todo lo que pudo haber salido mal, salió mal; que todavía no has podido perdonar tus errores o los errores que otros cometieron contigo.

Cuando empecé a escribir este libro me sentí como un hombre con una misión. Por más de una década he escrito por los distintos medios actuales; sin embargo, finalmente supe que era el momento correcto de hacerte llegar este mensaje por medio de un libro.

Sé que estás siendo guiado hacia tu senda y tu propósito. Han sido muchas cosas que has pasado en tu vida que, si pones atención, han sido muchos mensajes que una y otra vez se empeñan en llevarte hacia una dirección.

Tu pasado no te define, tu pasado te prepara. Una de las cosas que probablemente has tenido o tienes que enfrentarte es con los fantasmas de tu pasado. Tal vez vengas de una familia disfuncional, de un ambiente marginado, o de una niñez quebrada. Puede que más de alguna vez te hayas preguntado dónde estaba Dios cuando sucedía ese abuso, cuando mi familia estaba en medio de la escasez, cuando recibía los golpes de una relación malsana. No sé cuál es lo que representa el fantasma de tu pasado. No sé qué es lo que viene una y otra vez a tu mente trayéndote culpa, vergüenza, odio o cualquier emoción negativa. Sé también que esos recuerdos y heridas pasadas, es lo que, lejos de darte fe y esperanza, te tira hacia abajo dejándote desanimado y sin fuerzas para seguir adelante.

Dios no se ha olvidado de ti. El hecho que tengas un libro que hable de que tienes un destino es porque tu propósito está vigente como el primer día. Es momento de dejar el pasado atrás. Tu propósito no ha sido cancelado, ni expirado, ni olvidado por el Creador. Ni siquiera tus errores, ni debilidades harán que tu destino sea cancelado.

No sabes las veces que no he tenido fuerzas ni esperanza, las veces que me he caído y me ha tocado levantarme, las veces que me ha tocado perdonar a otros por injusticias. Porque igual que tú, estoy cursando las materias de la vida. Y una vez aprendí que el perdonar es algo no que se siente, sino que se decide.

Una de las cosas más liberadoras que puedes experimentar en tu vida es el perdón. Los primeros a los que hay que perdonar para muchos de nosotros es a nuestros padres. Siendo los padres las primeras personas con las que tenemos un contacto relacional como ser humano. Los primeros cuidados, el sentido de pertenencia, la sensación de seguridad; todo viene primeramente de nuestros padres. Mas, sin embargo, en muchos casos, son los primeros por los cuales perdonar y darnos cuentas que ellos también tuvieron tal vez malos ejemplos y no tenían más para dar que lo que conocían. Sin importar cómo hayan sido contigo, hay más cosas que agradecerles a ambos padres que lo que les puedas reprochar.

Tú eres primeramente hijo de Dios y tus padres fueron usados para que tú nacieras con un propósito. Pero más adelante, en los capítulos siguientes, tocaremos el tema del perdón a más profundidad, y verás por qué es de extrema importancia. Y es que el perdón no libera al ofensor, sino al ofendido. El perdón te libera a ti, no a la otra persona.

Lo único que te puedo adelantar es que tu avance está detenido por la falta de perdón o se detendrá hasta que el asunto del perdón esté resuelto y decidas viajar liviano. Sé que es un paso, para muchos, desgarrador, y puede que no te sientas listo para ese paso. Sin embargo, más adelante tocaremos el punto del porqué no necesitas estar listo para perdonar.

Pasar por desiertos te enfocará en lo importante. Y muchos desiertos tendrán que ver con el tema del perdón. Al final, lo que hará que te aferres al mástil de tu pequeña embarcación que amenaza con naufragar debido a la tormenta, es que te aferres a la fe de que te diriges a un lugar ya destinado para ti. Las personas no deciden tu destino, las tormentas no lo detienen, y ni siquiera tus debilidades detendrán lo que Dios determinó para tu vida.

Todo lo que veremos en los capítulos posteriores tiene que ver con tu sentido de identidad, aceptación y pertenencia. Y muchos asuntos tendrán que ver con sanar percepciones y creencias malsanas acerca de Dios, acerca de ti mismo, y lo relacionado con tu propósito.

No creerás la cantidad de personas que necesitamos sanidad en un área o en muchas. Puede que te preguntes por qué pasan los años y no logras avanzar en determinada área o por qué te sientes triste y sin fuerzas; y puede que sea por todavía controversias por resolver dentro de ti. Sin miedo a equivocarme, todos en un punto de nuestra vida nos tocará enfrentar de una manera u otra el tema del perdón.

Al final, el perdón es amor a ti mismo. Porque al no perdonar el veneno lo cargas tú, no la otra persona. Es a ti a quien le impide avanzar, no a la otra persona. Es dejar que la persona que te ofendió tenga el poder para seguirte lastimando aunque se haya marchado hace años. Se trata de evitar estar encadenado emocionalmente a alguien que en un punto tomó erróneamente una mala decisión acerca de ti. Por ejemplo, una pareja que por circunstancias que solo ellos conocen, se tengan que divorciar; no se separan cuando firman una demanda de divorcio, sino cuando los dos deciden perdonarse y seguir adelante.

En este libro tocaremos a profundidad el tema del perdón. Porque el perdón tiene que ver con todos los seres humanos, no con algunos.

También en los siguientes capítulos hablaremos mucho acerca de la gracia y el amor de Dios. Esto también tiene que ver con todos. Una de las cosas más difíciles para el ser humano, es recibir el amor de Dios. Por la tradición, creencias o por la manera en que crecimos o lo que recibimos de nuestros padres, creemos que tenemos que hacer algo para ganarnos el amor de Dios. La falacia más grande que existe es pensar que Dios nos ama por lo que hacemos y no por quien somos.

Si eres padre, tus hijos no necesitan sacar buenas calificaciones para que tú los ames. Tú no los amas por su desempeño, sino por la relación que tienes con ellos. Juntamente con el perdón, lo que te hará pararte con una fe sólida en tu vida, es sentirte amado y perdonado.

Así que sé que todo lo que está en este libro va para alguien. A ti que decidiste resistir a pesar de los fuertes vientos. A ti que te ha tocado caerte y levantarte tantas veces. A ti que una vez creíste que nunca saldrías adelante después de estar en medio de un matrimonio en ruinas, o en la tierra de la desesperanza, y finalmente a ti que no has sentido a Dios cerca por tanto tiempo y erróneamente piensas que tus errores te han descalificado para caminar hacia tu destino.

Si crees y aceptas que te has encontrado con estas líneas en el momento justo, que no hay casualidades y que más que nunca los temas anteriormente mencionados tienen que ver con cómo te sientes y te encuentras en estos momentos, vamos a terminar este libro juntos.

Fue mi oración que toda persona sin excepción que se encuentre con este libro pueda conocer al Perfecto Guionista del Universo. Que conozca a ese Dios que te vuelve a recibir cuando otros te rechazan. Conocerás a un Padre que siempre te permite sentarte a la mesa aunque todavía te encuentres roto.

Dios no se dará por vencido contigo, sin importar las veces que te hayas equivocado o que no le hayas dado al blanco o las veces que has querido abandonar e irte al lado contrario de tu llamado.

Finalmente, esto va para ti que has decidió aferrarte a la esperanza, seguir creyendo que hay planes de bien para tu vida y que puedes sentir que estás por conocer a Aquel que ya estuvo en tu futuro, y sabe que llegarás a destino.

CAPÍTULO 2

Fuiste formado para una misión

«Todo fue establecido mientras ibas siendo formado en el vientre de tu madre».

Fuiste formado en el vientre de tu madre para una misión. Tienes un ADN único. El ADN es una proteína compleja que se encuentra en el núcleo de tus células y representa el principal constituyente de tu material genético. El material genético es lo que guarda la información exacta de una forma de vida orgánica. En palabras más simples, el ADN es donde se guarda toda la información concerniente a tu estructura emocional, características físicas, perfil psicológico y demás. Es una base de datos divinamente orquestada para que tengas una funcionalidad como ser vivo.

Todo fue establecido mientras ibas siendo formado en el vientre de tu madre. Es maravilloso pensar cómo Dios se dedicaba a entretejerte minuciosamente en la oscuridad, para cuando salieras a la luz. Si le dieras más pensamiento a la manera de cómo fuiste formado, y pensaras en el milagro de cómo fuiste creado, sabrías que todo fue puesto con propósito.

Quiero contarte una historia que me sucedió hace algunos años. Recuerdo conducir una tarde de diciembre por una carretera del sur de California hacia un musical de Navidad. En esa oportunidad conducía solo, ya que otras personas y conocidos estarían llegando a diferentes horarios; de acorde a los compromisos personales que cada uno tenía. Recuerdo el conducir muchas millas y pasar por muchas ciudades para llegar allí; pero, por alguna curiosa razón, sabía que tenía que estar en dicho evento y escuchar lo que allí se tenía que decir.

Mientras conducía por la carretera, observaba las montañas, los picos nevados y la majestuosidad de las colinas que engalanaban el paisaje. Recuerdo reflexionar para mí mismo las veces que me he perdido de disfrutar el paisaje por el afán de correr en la vida.

Vivo desde hace dos décadas en el sur de California, en la Unión Americana. California, por ser un estado muy industrial, la vida de muchas personas gira alrededor de los compromisos laborales, de correr de un lado a otro, y de no parar para ser productivos hasta conseguir el tan anhelado sueño americano. Es fácil distraernos y olvidamos de lo importante, para intercambiarlo por lo urgente. Las facturas por pagar y el afán por la vida nos evitan ser más empáticos y tener menos conversaciones afables. Es fácil caer en la tentación de no vivir en el presente; porque insistimos en que lo correcto es estar ocupados corriendo hacia un futuro.

En esa ocasión, recuerdo conducir hacia el lugar teniendo mucha expectativa por el evento. Recuerdo finalmente llegar después de varias horas de conducir de un condado a otro, y ser paciente con la cuota de tráfico respectiva. Me estacioné, y me apresuré a caminar hacia el edificio donde el evento se celebraría.

Mientras caminaba, me fijaba en la decoración alrededor del lugar y cómo en el camino desde el estacionamiento algunos niños jalaban con notable anticipación los brazos de sus padres, mientras ellos les insistían en que tuvieran paciencia. Pareciera ser que el tener expectativa por la vida y verla como un milagro fuera patrimonio solamente de los niños; porque tristemente muchos adultos lo intercambiamos por una rutina diaria o lo ahogamos bajo un mar de preocupaciones.

Entro al recinto y la decoración era más acorde a la celebración. Un escenario con nieve artificial, adornos de pascuas y una escenografía acorde a la temporada. Tomé lugar en uno de los asientos de los costados. Echo un vistazo y me doy cuenta de que aún no había llegado alguien conocido. Parecía que todo estaba listo. Pero las personas seguían agolpando los costados donde estaban las puertas para entrar al recinto. La luz era tenue y los rostros de los niños pintaban expectativa. Un pódium de madera al frente, adornado con su corona de pascuas y cuatro pedestales con sus respectivos micrófonos al fondo de la puesta en escena. Todo estaba a punto de comenzar.

Iba a ser una oda al Creador. Cánticos y villancicos para celebrar el nacimiento del Salvador del mundo. La atmósfera era electrificante y las personas hablaban en voz baja. Mientras, otros visitantes terminaban de llegar para tratar de tomar los mejores asientos. Yo seguía fijo observando la escenografía. Todavía me costaba creer que había conducido tanto para estar allí. Sin embargo, la expectativa valía la pena.

Los cantantes y músicos tomaron sus lugares. Todo comenzó a reloj. Empezamos a escuchar esa música llena de color y calidez. Realmente, si alguno llegó ese día cargado por la vida y la rutina, era el ambiente perfecto para distenderse del afán diario.

Me fijo particularmente en un joven cantante que había tomado su sitio en el segundo micrófono de las voces principales. Cantaba con sus ojos cerrados y con su rostro al cielo. La pasión, la entrega y la manera en que transmitía por medio de su don a los que estábamos presentes, era imposible de ignorar. Era como la personificación del agradecimiento. Se mecía hacia sus lados, mientras continuaba con sus ojos cerrados elevando alabanzas al Creador.

Después de aproximadamente media hora de haber comenzado el evento, terminó una de las canciones del primer segmento del programa. El presentador en esa ocasión, que también oficiaba como pastor en una iglesia local, tomó su lugar detrás del pódium de madera. Se empieza a dirigir a la audiencia. Sus primeras palabras fueron: «Dios hizo una cita contigo para que estés en este lugar». «Y es que no hay casualidades», replica con un entusiasmado tono de voz.

Continúa diciéndonos que tiene una historia que contarnos, y que no le tomaría nada más que algunos minutos. Mencionándonos que estaba seguro de que era el lugar y el momento correcto para compartirla. En esos momentos comienzan las suaves notas de un piano de fondo.

Empieza diciéndonos que en la década de los 80, en una pequeña área rural de un país latinoamericano, sucedió una historia única. Cierta tarde de verano, unos niños jugaban a la pelota en la cancha de tierra del municipio. Eran los hijos de algunas de las familias vecinas. Una pelota de plástico, cancha de polvo, pies descalzos, marcos de portería improvisados, risas genuinas y un grupo de niños pasando la mejor de las tardes.

De repente, uno de los pequeños le da un fuerte golpe a la pelota, y resulta que se va por un despeñadero al costado de su improvisado campo de juego. Uno de los niños corre para observar dónde había caído su valioso balón; para rescatarlo y seguir sin demora con la diversión. Para su sorpresa, resultó que el balón se había detenido en una combinación de lo que era lodo y basura, en el fondo del lugar.

El jovencito trata de alguna manera de bajar un poco, tomándose de una mano de la maleza para no caerse. Escucha gritos a lo lejos de sus amigos, para que se apresurara a traer de vuelta el balón. Pero, de repente, se encuentra con lo inesperado. Cerca de donde había caído su balón, se fijó que algo se movía entre el lodo y la basura. Trató de bajar un poco más, a la vez que se sostenía con su otra mano; porque temía que fuese algún tipo de animal que pudiera hacerle daño.

Para todo esto, el resto de sus compañeros de juego ya habían corrido para echar un vistazo; para poder ver en qué nivel del despeñadero se encontraba su amigo tratando de rescatar el balón.

El jovencito, aún incrédulo y que aún trataba de ver al fondo del lugar, se volvió a fijar en algo extraño al ver de cerca no muy lejos de donde su balón estaba detenido. «Algo se mueve allí», gritó el jovencito, un tanto atemorizado, a sus compañeros de juego. Cuando los amigos se dieron cuenta de que su audaz compañero de juego insistía en decirles que algo se movía en el sitio, y señalaba en una dirección en lo que parecía sucio y oscuro, no dudaron en apresurarse a traer una larga vara de bambú que encontraron cerca; para remover y darse cuenta de qué era lo que se movía en aquel oscuro lugar. Le dieron la vara a su amigo, para que pudiera despejar un poco el lodo y la basura que les impedía ver lo que allí había.

A todo esto, ya no estaban tan interesados en rescatar su balón como en la curiosidad que ya tenían para saber de lo que realmente habían encontrado. No tenían la menor idea con lo que se encontrarían. De repente sus rostros quedaron atónitos. No podían creer. Pero uno de ellos fue el que gritó: «Es un niño, es un bebé».”

¿Era posible lo que estaban viendo sus ojos? Era un bebé recién nacido moviéndose entre la basura y el lodo. Todos corrieron asustados al lado contrario del despeñadero.

Uno de los niños que vivía enfrente del campo de juego llamó a su madre, que lavaba a mano afuera de su casa. «Mamá, mamá, hay un bebé». La madre del niño no entendía de lo su hijo hablaba. Pero el pequeño, con un poco más de aliento, le explica a su madre que encontraron un bebé en el fondo del acantilado; al otro lado de donde jugaban.

La madre del niño se secó nerviosamente sus manos en su delantal, que pendía de su cintura, y le dijo a su hijo: «Llévame y dime dónde está». Corren juntos y llegan al lugar. Aquella madre no podía creer lo que veían sus ojos. Una criatura recién nacida entre la basura. «¿Cómo es posible que alguien haya hecho esto?», pensó aquella madre para sí misma. Hicieron el esfuerzo y entre todos rescataron al pequeño. La mujer lo toma entre sus brazos, le limpia su cara de la mugre y lo recuesta sobre su pecho. El bebé abandonado en el lodo tenía ahora un hogar y una familia.

Como en todo pueblo pequeño la noticia corrió como pólvora. En todo el lugar se hablaba del bebé entre la basura. Nadie sabía o conocía el paradero de los padres biológicos del niño. Pero la mujer que lo rescató, lo limpió, lo adoptó, decidió amarlo y darle un hogar. Sin importar que tan sucio sea el sitio donde te encuentres, Dios siempre enviará a ángeles para rescatarte.

«Es una historia de amor», continuaba diciéndonos quien nos narraba la historia detrás del pódium. Tenía que hacer pausas obligadas para poder continuar debido a su voz quebrantada. Para esta parte de la historia, ya se escuchaban algunos sollozos entre los presentes. Lágrimas rodando sobre cálidas mejillas y el silencio era notable. Se podía ver cómo algunas madres tomaban a sus pequeños y los abrazaban.

Sin embargo, sabíamos que había más en esa historia que estábamos listos a escuchar. Nada más recuerdo en ese momento pensar: «Es cierto, no hay casualidades». Pero la pregunta obligada de todos era: ¿Qué paso con ese niño? ¿Qué fue de su vida? Ya en ese momento el pastor había hecho una prolongada pausa y miraba hacia atrás desde el pódium de madera, y continúo diciéndonos: «Ese bebé abandonado es Mario, quien nos acompaña con las voces en la alabanza en esta noche especial».

Pareció que el joven no se percató de que su historia estaba siendo contada. Seguía con sus ojos cerrados mirando al cielo y meciéndose de un lado a otro sobre sus pies. Como alguien que genuinamente está despreocupado del qué dirán. Y es que cuando has regresado de la muerte, es inevitable que vivas en agradecimiento constante. Entonces todos los presentes entendimos la pasión de aquel joven que para la mayoría era desconocido. Entendimos por qué cantaba con todo su corazón a su Dios, que usó aquellos niños y a la madre de uno de ellos para meterse en el lodo y rescatarlo. Adoraba a ese Dios que lo limpió, lo cuidó, le dio un hogar, cambió su identidad y por siempre lo convirtió en un adorador.

La combinación de sonrisas y lágrimas era el sentir de todos en aquel santuario. Y es que cuando tu don es entregado con agradecimiento, es imposible que dejes de tocar corazones. Pensé en que cuando conoces la gracia de Dios que te ha sacado del fango, no queda otra cosa que volverte en un adorador hasta el último de tus días.

Cuando la madre biológica de Mario lo tiró en el lodo, ya Dios había puesto en aquel pequeño lo que necesitaba para cumplir su destino. Ya había el don musical fluyendo en él y muchos otros dones que iba a necesitar para cumplir su propósito. La palabra de Dios dice:

«Aunque mi padre y mi madre me dejaran, con todo, Jehová me recogerá». *Salmos 27:10.*

Fueron los brazos de aquella mujer recostándolo sobre su pecho, los que simbolizaron los brazos de Dios bajando hasta el lodo y la basura para rescatar a la oveja perdida. Él es el

Dios que te recoge cuando otros te abandonan. Y el que puso todo en el vientre de tu madre para que cumplas tu destino.

Todos los dones, los talentos, tu capacidad intelectual, tu estructura emocional y todo lo que necesitas ya fue puesto dentro de ti para que alcances tu destino. ¿Sabes cuánta gente se desprecia a sí misma o no le gusta cierta parte tal vez de su personalidad, de su físico, o de su manera de expresarse emocionalmente? Cuando tú desprecias o rechazas una parte de ti, estás despreciando la obra del Creador. Estás diciéndole que Él no sabe cómo hacer las cosas. Lo cierto es que lo que no fue puesto en ti es porque no lo necesitas. Tu altura, el color de tu piel, tu cabello, la forma de tu cara, tus dones, tus talentos y hasta en lo que serías débil, fue escogido por Él para que cumplas tu misión esta tierra.

Igualmente, la tierra o el sitio geográfico donde naciste, en la familia que naciste y en las condiciones en que te tocó vivir. Todo fue escogido para tu llegada. No habías aún nacido, y ya había un propósito pujante esperando para que tú lo persigas y sea consumado.

Muchas veces, si pones atención a los detalles mientras crecías, ese destino te empezó a llamar desde temprana edad. Pareciera que se muestra a sí mismo y desaparece. Hasta que seas tú el que camine hacia él, siguiendo las directrices divinas que siempre te asistirán en todo el trayecto.

Todo lo que existe tiene un propósito. Todo lo que existe fue creado para resolver un problema. Los vehículos solucionan problemas de transportación, los anteojos para leer resuelven un problema de visión, un dentista resuelve problemas dentales y un abogado soluciona problemas legales. Todo lo creado fue para resolver una situación faltante. Si haces una pausa y echas un vistazo allí donde te encuentras leyendo este libro, notarás que todas las cosas creadas alrededor de ti están resolviendo un problema. Tú también has venido para que Dios resuelva un problema en la vida de otros a través de ti. Tus dones y talentos son las herramientas que Él usará para resolver dicho problema.

Por eso de la importancia que tengas claramente identificado lo que ha sido puesto en ti desde tu nacimiento. No eres del montón, eres extraordinario y creado para una misión.

Tienes una personalidad única. La personalidad es el perfil psicológico que se refiere a un grupo dinámico de características psíquicas, que te hace interactuar con otros individuos, y te hace actuar o reaccionar en diferentes situaciones.

Tu personalidad fue decidida por tu Creador. La manera en que te desenvuelves desde temprana edad es parte de todo lo que fue puesto en ti. No hay personalidades mejores o peores, simplemente personalidades diferentes. Puede que hayas escuchado que los que son líderes deben tener necesariamente una personalidad fuerte y dinámica. Pero no es así. Pueden haber personas con el don del liderazgo en los diferentes tipos de personalidades.

Cuando hablamos de liderazgo estamos hablando de influencia. Si de alguna manera estás causando algún tipo de influencia en la vida de otros, entonces estás liderando. Todas las personalidades son necesarias en los distintos ámbitos. La personalidad no es lo mismo que la actitud. La actitud se define como la disponibilidad de comportarse u obrar. Es la manera en que un individuo decide comportarse ante la vida. Tu personalidad la decidió Dios, la actitud la decides tú en el día a día. El esfuerzo que hiciste ayer por tener una actitud correcta no te sirve para hoy. Tener una buena actitud es una decisión diaria que nadie puede hacer por ti.

Por ejemplo, el ser entusiasta es una actitud. Hace algunos años se analizó la vida de varias personas que usualmente mantienen una actitud positiva ante la vida. Curiosamente, notaron que a las personas que eran entusiastas y positivas, les sucedían cosas mejores, tenían más favor con las personas, más oportunidades laborales y su vida personal era más satisfactoria. Lo mejor que puedes hacer por ti mismo, aun en medio de una crisis, es tener una buena actitud. Tu actitud de agradecimiento mientras aún estás en la crisis, acorta cualquier desierto por largo que este pueda parecer.

También tu cuerpo es el vehículo que Dios decidió darte para poner sus tesoros en él. Todas tus características físicas también fueron puestas por tu Creador. Si de alguna manera rechazas alguna parte de tu cuerpo, estás rechazando el vehículo dispuesto por Dios para poner su tesoro para que alcances tu propósito. Tu altura, el color de tu piel, tu tipo de cabello, el tipo de metabolismo con el que cuentas. Todo tenía que ser hecho a medida para tu misión.

Una de las cosas que más aminora la vida de las personas tiene que ver con una autoestima baja. Absolutamente todos, de alguna manera, en alguna edad, ya sea de niño, en la adolescencia, o en la edad adulta, hemos lidiado con temas de autoestima. Es importante que esto sea sanado en tu interior sabiendo que eres una obra maestra excepcional y que Dios quebró el molde después de crearte. En el libro de los Salmos el rey David expresó acerca de esta realidad de la siguiente manera:

«Tú creaste mis entrañas; me formaste en el vientre de mi madre». *Salmos 139:13.*

David sabía que había sido el producto de lo que su Creador había hecho en el vientre de su madre. Este salmo nace de un corazón atribulado, porque David lo compuso cuando huía de un rey llamado Saúl; que, lleno de envidia, lo buscaba para matarlo. Este adorador estaba en medio de una crisis personal cuando decidió acordarse de que había sido formado con propósito. Y en este pasaje, en una de las versiones de las Escrituras, expresa más claramente el reconocimiento de David acerca de los planes divinos y la manera en que fue formado:

«El Señor llevará a cabo los planes que tiene para mi vida, pues tu fiel amor, oh, Señor, permanece para siempre. No me abandones, porque tú me creaste». *Salmos 138:8.*

Toda tu historia ha sido previamente escrita. Aun las partes sin sentido son parte del trayecto. Lo cierto es que el Perfecto Guionista del Universo también escribió el capítulo donde fuiste abandonado y quebrado. Así como en la historia de nuestro amigo Mario, el Dios que ya había estado en su futuro también escribió el capítulo sobre el abandono, y el momento donde estuvo a punto de morir entre la basura y el lodo. Todo lo escrito, las partes de avance y lo que no hace mucha lógica, te ayudarán a bien y te acercarán hacia tu propósito.

Yo no sé en tu vida qué es lo que representa estar entre la basura y el lodo. Puede que haya sido un abuso en la niñez que no has podido superar, tal vez tu lodo y tu basura es encontrarte encadenado a una adicción, tal vez sea estar en medio de un matrimonio donde te ha tocado sufrir injusticias día a día, tal vez es ese sentimiento constante de no sentirte merecedor del amor de Dios y mucho menos de sus bendiciones. No sé qué representa estar en medio de la oscuridad para ti.

Pero he venido a decirte que hay un Dios que se ha empeñado en meterse entre el lodo y la basura para rescatarte, para limpiarte, para darte un nuevo nombre y convertirte por siempre en un adorador. Y, así como Dios usó a esos niños de esa pequeña aldea para salvar la vida de Mario, Dios mandará a personas que no vendrán a quebrarte, sino a ayudarte a regresar a la sanidad. Fuiste formado en el vientre de tu madre para una misión.

CAPÍTULO 3

La grandeza está en ti

«Tu pasado no te define, sino que te prepara para tu futuro».

La grandeza está en ti. Si fuiste creado para el palacio, es nada más cuestión de tiempo que llegues allí. Puede que tus circunstancias hayan sido tan desalentadoras cuando crecías que la manera en que tu familia tuvo que sobrevivir ante los desafíos haya hecho que se te sea difícil ver que haya un destino que se pueda cumplir en ti. ¡Pero confía! Estás dentro de un plan.

Tu pasado siempre se esforzará en que hagas trato con ese *Yo* de tu pasado, quien ya no eres. Y es que, si todavía te relacionas en tu interior con las malas decisiones que un día tomaste o las que otros tomaron sobre ti, drenará tus fuerzas y ahogará tu fe.

Tu pasado no te define, sino que te prepara para tu futuro. Absolutamente todo lo que has pasado, lo bueno y lo malo, lejos de alejarte, te ha acercado a que te conviertas en quien verdaderamente eres. Sin embargo, aunque las circunstancias luchen por detenerte, lo cierto es que a Dios nada ni nadie lo detiene cuando se empeña en hacer cumplir sus propósitos con alguien.

Hay cientos de miles de historias de personas que han tenido nulas posibilidades de hacer algo en su vida, y sin ninguna posibilidad fueron poco a poco llevados hacia su destino. Miles de historias de hombres y mujeres que vinieron de familias disfuncionales, una niñez de abuso o con pocas probabilidades de algún día cumplir alguna clase de sueño. Bendita sea la gracia de Dios que nunca se da por vencida.

Tus circunstancias o lo que piensas que te imposibilita para que tu sueño se cumpla, no es muy diferente a lo que otros han tenido que pasar. Todos tenemos una historia triste que contar.

Sin miedo a equivocarme, creo que tienes más ventajas que otros. Es muy probable que veas lo que te ha pasado como lo peor, pero es que no has sabido lo que otros han tenido que pasar. Basta una breve visita a un hospital de cualquier lugar y observarás cómo personas se abrazan en una sala de espera, rogando al cielo por ese ser querido a quien aman profundamente, sobreviva. Siempre hay alguien atravesando cosas más fuertes que lo que te puedas quejar acerca de tu vida.

Siempre digo que, si tenemos salud, un plato de comida, nuestros seres queridos están sanos y vivimos en un lugar donde no tenemos que estar huyendo por miedo a morir bajo algún conflicto armado, estamos del lado del privilegio. A veces nos enfocamos en desear las cosas que pensamos que nos faltan y damos por sentado las cosas verdaderamente importantes.

La comparación con otras personas es lo que te viene a hacer creer que estás en desventaja. Nuevamente te recuerdo que las redes sociales no es la vida real, porque nada más es una pequeña ventana de lo que alguien decide mostrar. La realidad es que todos estamos cursando materias de vida. Todos de alguna manera todavía estamos recuperando el aliento por el azote de una fuerte tormenta personal o nos ha tocado mantenernos fieles en medio de la incertidumbre.

Lo cierto es que la grandeza ya está en ti; pero estás en construcción. Todos estamos de alguna manera en reparación. Todavía tenemos partes rotas de nuestra alma que necesitan ser restauradas. Cualquiera que se muestre como un modelo terminado, o demasiado perfecto, no se está mostrando así mismo como es. Todos de alguna manera dentro de nuestro propio mundo estamos viviendo una vida con partes complejas y conflictos personales aún si resolver. Todos estamos atravesando materias de vida para que aprendamos las lecciones que nos harán convertirnos en mejores seres humanos. Las Sagradas Escrituras expresan que Dios, a quien ama, disciplina. (Ver *Hebreos 12:6*). Dios no castiga, él disciplina. El castigo está basado en el pasado, la disciplina es un entrenamiento para el futuro. El Señor tu Dios te ama demasiado como para dejarte como estás.

No te des por vencido a pesar de las caídas. Se trata de levantarte una vez más, aunque vuelvas a fallar. El cometer errores es parte de la vida. Una buena parte de la forma en que adquirimos sabiduría es cometiendo errores. Nuevamente te tocará tener paciencia, porque muchas veces los procesos son largos y se requiere que te tomes de tu fe una y otra vez. Un corazón agradecido acorta cualquier desierto.

Hay muchas cosas que todavía hay que agregar en ti. Lo importante es lo que Dios está agregando en tu interior en cada tramo de desierto, en cada crisis, en cada prueba en que no te das por vencido. Sí es cierto que la grandeza ya fue puesta por tu Creador en ti, pero hay mucho todavía por ser formado y agregado. Pareciera que Dios permite que la vida sea una gran sala de emergencias haciendo una cirugía a corazón abierto. Porque es la transformación de tu interior la razón por la cual Dios permite cada dolor. Él siempre perseguirá por medio de las pruebas transformar tu corazón.

Estás aún en reparación y es tu corazón el objeto de la transformación. Es lo que a Dios le importa más transformar. Y a pesar de que ya tienes en ti lo que necesitas, todavía la forma de pensar con respecto a ti mismo y a tu destino tiene que ser impreso con tinta indeleble sobre las tablas de tu corazón.

Que tú sepas quién realmente eres es muy importante. Recuerda que el mundo luchará en plasmar en ti una identidad que no es real. La industria y el consumismo te dirán el cuerpo que debes tener, los productos que debes consumir, el material que debes leer, por lo que te debes afanar y en lo que según ellos te deberías convertir. Irónicamente, la autoestima de millones de personas es decidida en una junta de mercadeo de algún producto respaldado por alguna celebridad. Necesitas en realidad menos de lo que crees que necesitas.

Nadie puede robar lo que fue puesto en ti por tu Creador. Irrevocables con los dones y el llamamiento divino. Puede que ya hayas descubierto tus dones o estés por descubrirlos. Esa manera tan natural de hacer determinadas cosas, tu facilidad con los números o las letras, o esa facilidad de comunicarte.

Todos esos son los dones que serán usados como herramientas para llevarte hacia destino.

Te quiero contar la historia de un Rey y un mendigo. La historia está en la Biblia, y hace mucha referencia al tema de que hay grandeza en ti. Los reyes en la Antigüedad se regían por su honrosa manera de conducirse. Había en ese entonces un rey llamado David que era el primer monarca de la nación de Israel. En el tiempo cuando el rey David era rey de un pueblo muy numeroso, su honorabilidad era por todos conocida. David era un hombre que decidió honrar a sus enemigos, aun por encima del menosprecio y la subestimación. Fueron su honorabilidad y su palabra que dejaban entre ver la rectitud de su corazón y su sabiduría.

David fue el único a quien Dios testificó: «Hombre conforme a mi corazón». (Ver *Hechos 13:22*). A pesar de sus fallos como rey, era un hombre imperfecto con un corazón recto.

Cierta vez el rey David preguntó si había alguien relacionado con su antecesor monarca, el rey Saúl, a quien él pudiera hacer misericordia por amor a su entrañable amigo Jonathan, quien era hijo del rey Saúl y amigo íntimo de David. El reino que le antecedió a David había terminado en una tragedia. Tanto Saúl como su hijo Jonathan habían muerto en la misma batalla. Pero la honorabilidad de David insistía en honrar la memoria de su amigo y de su padre.

De repente, uno de los servidores en el palacio le deja saber a David que había un siervo del antiguo reino llamado Siba, que sabía información a la pregunta del Rey. Este siervo Siba fue llamado inmediatamente para que se presentara ante David para proveer información acerca de la pregunta que inquietaba al hombre más poderoso del reino. Siba, al presentarse ante el Rey, provee información acerca del paradero de un hijo de Jonathan, llamado Mefi-boset, quien era lisiado de sus pies y que vivía en una ciudad llamada Lodevar.

Curiosamente, el nombre de Lodevar, donde vivía el hijo de Jonathan, tenía un significado un poco siniestro y oscuro. Era un lugar donde no había la posibilidad de soñar con un futuro prometedor. Lodevar significaba: «La palabra de Dios no llegaba», un sitio de desconexión absoluta y de nula comunicación. Aquel muchacho ahora lisiado de sus pies, que de pequeño había nacido en la realeza por los infortunios de la vida y después de la trágicamente muerte de su padre y de su abuelo, habitaba en la parte menos probable de soñar con algún tipo de esperanza. Mefi-boset vivía en la parte donde no había manera de cumplir ningún propósito.

Finalmente, el rey David manda a traer a aquel muchacho lisiado que a los ojos de todos nada más era un mendigo; para que lo llevaran a su presencia. Era cierto que a los ojos de todos Mefi-boset era solo un mendigo sin esperanza, pero a los ojos del rey David era un príncipe. Imagínate lo que aquel joven mendigo debió de haber pensado al escuchar el murmullo de los vecinos; al darse cuenta de que los siervos del Rey lo buscaban. Es muy probable que, muerto de miedo, debió de haber pensado que lo buscaban para cobrar alguna vieja rencilla entre monarcas y así acabar con cualquier legado del antiguo reino de sus antecesores. Tal vez allí, en la oscuridad de Lodevar, debió de haber creído que había todas las razones justas para que aquel día fuese el último de su vida. Ya era bastante el estar lisiado de ambos pies y vivir en aquel desolador lugar como para tener algún tipo de esperanza.

Pero lo que aquel príncipe con apariencia de mendigo no sabía es que el mejor capítulo de su vida estaba recién por comenzar. Sin demora, los siervos del palacio llegan a aquella abandonada ciudad, encuentran al joven mendigo y lo llevan ante la presencia de David. Al llegar, Mefi-boset, muerto de miedo, se postra en tierra y hace reverencia; sin poder creer aún lo que estaba sucediendo. David le dice que no tuviera miedo, que lo había mandado a llamar para hacerle misericordia por amor a su padre Jonathan; y que le devolvería todas las tierras pertenecientes a su padre y a su abuelo Saúl. También le manifestó a aquel mendigo postrado en tierra que desde ese día en adelante se sentaría a comer por siempre en la mesa real. Inmediatamente, el rey David le dio la orden a uno de sus siervos de que se encargue de labrar las tierras que le estaba entregando en aquel día a Mefi-boset. Y así, aquel muchacho lisiado, sin futuro y sin esperanza se sentó por siempre en la mesa del palacio como lo que realmente era, un príncipe.

Esta historia refleja que cuando has sido marcado con un destino, tarde o temprano este destino te encontrará e irá por ti; por oscuro que sea el lugar donde te encuentras. Y es que cuando la grandeza reside en ti, no importan las circunstancias alrededor en donde te encuentres, es cuestión de tiempo que llegues al palacio. Si te mantienes en fe y te conviertes en un prisionero de la esperanza, te doy mi palabra de honor que es cuestión de tiempo que tus pies estén atravesando el umbral en el lugar donde te sentarás por siempre a la mesa real.

¿Te imaginas el cambio de vida de un mendigo lisiado y sin futuro a alguien que se sentó a la mesa del Rey hasta el final de sus días? ¿Te imaginas el estar en una tierra totalmente sin fruto y estéril, y que de la noche a la mañana te encuentres rodeado de abundancia? Y es que Dios puede hacer en una noche lo que tomaría años en tu vida. Y es que tan solo un encuentro con la gracia puede cambiar el destino de cualquiera persona de manera eterna.

Es necesario resaltar que Mefi-boset había pasado tanto tiempo en un ambiente desolador, que el concepto de sí mismo ya había cambiado. Su identidad real había sido distorsionada por sus circunstancias. Había olvidado que su identidad real era de un príncipe. Ya no consideraba que sangre real corría por sus venas. Mefi-boset había estado quebrado por tanto tiempo que la desesperanza había entrado en él y se veía a sí mismo como un hombre sin futuro. Pero en realidad tenía una percepción equivocada de su verdadera identidad. Aun así, a pesar de haber sido menospreciado ante los ojos de todos, todavía corría sangre real dentro de él.

Cuando Mefi-boset llegó a la presencia del rey David, una de las preguntas que le hizo en humillación después de postrarse en tierra fue: «¿Quién es tu siervo para que mires a un perro muerto como yo?» (Ver 2 *Samuel 9:8*). Sucedía que Mefi-boset había pasado tanto tiempo sin futuro y sin esperanza que se miraba a sí mismo como un «perro muerto»; como alguien sin valor y sin posibilidad de avance. Pero el Rey decidió llamarlo y ponerlo en la posición que siempre le perteneció. Fue requerido a sentarse entre los grandes; aunque aún él no se considerase sí mismo como digno de tal privilegio.

Este punto de percepción de sí mismo en la historia de Mefi-boset es muy importante; porque trata acerca de nuestras emociones. Esto es común que nos suceda después de momentos de dolor y disfunción. En muchas ocasiones serán tus emociones las que tratarán de descalificarte de la gracia divina. No es cómo te sientas, es lo que sabes que el Creador ha puesto dentro de ti. Tus emociones pueden llevarte en una montaña rusa de movimientos de ánimo que pueden hacerte pensar que lo que sientes es la realidad.

En tu camino hacia destino muchas veces un día te sentirás que tienes toda la fe del mundo para avanzar y el siguiente día querrás meterte en una cueva muerto de miedo. Todos esos movimientos inestables del alma son parte del trayecto. En muchos casos lo que sientes no es la realidad, porque al final lo que te hará avanzar serán tus convicciones. La convicción significa lo que sabes acerca de una verdad. No es lo que sientes en determinado momento, es lo que sabes. Mefi-boset se sentía como un «perro muerto», pero su realidad era totalmente diferente. Bastó un llamado de misericordia de parte del Rey para que cambiara el destino de un mendigo lisiado para siempre.

La grandeza está en ti a pesar de las circunstancias. Cuando Jesucristo el Mesías crecía en medio de nosotros, él sabía que tenía un destino y que era hijo de Dios en medio de los años de fidelidad en una carpintería. Jesús pasó treinta años en una carpintería antes de hacer milagros. Su situación actual no determinaba su propósito. Esos años en la fidelidad de una carpintería no representaba el final de su historia. Jesús sabía que los momentos difíciles del presente no iban a detener su destino. Y a pesar de que el tiempo pasaba y le tocaba ser fiel en lo poco, era cuestión de tiempo que fuera público su favor divino.

Dicen las Escrituras que Jesús crecía en sabiduría, estatura y gracia con Dios y con los hombres. (Ver *Lucas 2:52*) Esos periodos de crecimiento ya están estipulados en tu caminar hacia destino. Y es que cuando Dios marca a alguien con un destino, no lo deja hasta que haga con esa persona lo que dijo que haría. Todo lo que sucede en tu vida tiene un propósito de encaminarte hacia tu propósito. No pienses que tus errores han cancelado tu destino. El hecho de que te encuentres en una tierra estéril en este momento no quiere decir que no te estás moviendo hacia donde Dios quiere llevarte.

Las puertas se abrirán en tu vida cuando tengan que abrirse, la persona correcta llegará cuando tenga que llegar, un nuevo nivel en tus finanzas llegará como parte de tu avance, el favor con determinada persona llegará en el tiempo correcto. El Creador no ha puesto grandeza en ti para dejarla enterrada de por vida. No fue puesta grandeza en ti para que termines tus días en la tierra de Lodebar.

Una semilla en la tierra pareciera que está enterrada; pero está germinando, es nada más cuestión de tiempo. Todo lo que necesitas está siendo agregado en ti en los momentos de aparente inmovilidad y oscuridad. Si sabes quién eres y lo que Dios ha puesto en ti, resistirás en los momentos en que las tormentas azoten con más fuerza.

La gracia siempre te alcanzara cuando más la necesites. Así como en la historia que te acabo de contar. La gracia del rey David hacia Mefi-boset hizo toda la diferencia.

La grandeza que está en ti no permitirá que te rindas ante cualquier panorama desolador. La grandeza hace que mantengas la calma sentado con un Judas en la mesa. La grandeza escogerá seguir amando cuando por los que has dado tu vida corran y te dejen solo. La grandeza hará que pronuncies perdón cuando clavos atraviesen tus manos en soledad. La grandeza te hará no tomar un camino común y hacer cosas que otros no hacen o resistir cuando otros abandonen. La grandeza escogerá honrar a pesar del menosprecio y el desdén. La grandeza siempre escogerá seguir creyendo y buscará honrar a aquellos que están en desventaja. Y a pesar de que te encuentres en la tierra de la infertilidad como Mefi-boset, es cuestión de tiempo de que tu destino se cumpla.

Yo no sé que es lo que representa la tierra de Lodevar en tu vida. No sé si es que estás luchando con una adicción, una baja estima, problemas de carácter o, tal vez, alguien te dejó caer y estás lisiado. Puede que tal vez no estés deshabilitado de manera física, pero tal vez te encuentras lisiado del alma. Puede que todos estos años te ha costado ponerte sobre tus pies y pararte sobre algún tipo esperanza.

Pero quiero decirte que he emprendido un camino por medio de estas líneas hasta tu Lodevar. Represento a uno de los siervos del Rey y vengo a decirte que se requiere de tu presencia en el palacio real. Yo no soy dueño del mensaje que te estoy entregando, ni tampoco tengo mérito alguno por él. Solo transmito el mensaje que me fue encomendado entregar de un corazón a otro.

He venido a decirte que al Rey le ha placido hacer misericordia contigo. A ti te hablo, mi amado amigo, que te ha costado tanto el ponerte sobre tus pies y seguir caminando. Sin embargo, alguien te ha visto en ese lugar de oscuridad y de nula comunicación. El Rey ha hecho memoria de ti y quiere ponerte en el lugar al que perteneces. Y sé que piensas que no puedes ponerte sobre tus pies y avanzar. Pero el Rey te ha enviado la ayuda y quiere llevarte hacia el palacio así como estás.

No tienes que ser perfecto, ni tienes que estar sano y tampoco tienes que estar completo. El Rey ya sabe tu condición y, aun así, decidió bendecirte y honrarte. Ya sabe que ha sido bastante el tiempo en que te has sentido de esta manera, y que no te han quedado fuerzas para continuar. Pero el Rey sabe eso, y por encima de cómo te encuentres, el Rey te mandó a llamar.

Por encima de tus circunstancias actuales, aunque no veas nada o aunque estés en la tierra de la incomunicación. Vengo a decirte que al Rey le plació que te sientes por siempre a su mesa. No te preocupes por estar aún quebrado, porque sucede que el manto la gracia en la mesa real cubrirá lo quebrado que te encuentres. Puede que el hombre te ha puesto etiquetas y te ha hecho a un costado. Puede que muchos hayan juzgado tus motivaciones y han hablado en contra de tu recuperación. Pero las personas no deciden tu destino, Dios sí lo hace. Y es hora de emprender camino hacia al palacio.

No todas las personas vienen para quebrarte y dejarte caer, también habremos algunos que venimos enviados por el Rey a encontrarnos contigo para cargarte y ayudarte a regresar a la sanidad. He venido hasta tu Lodebar para que estas líneas sean unos brazos para levantarte. Porque te espera un lugar de prominencia en la mesa real. Un lugar donde ya no estarás en deshonra. Será un lugar donde todos verán el favor y la misericordia del Rey sobre tu vida.

La ayuda para que te levantes ha llegado. El Rey ha enviado a sus siervos para que te traigamos al lugar de eminencia al que perteneces. Solo cumplo las órdenes reales y tu tiempo ha llegado. Las heridas serán sanadas, la falta de perdón será sanado, la desesperanza se irá de tu vida, el menosprecio será un lejano recuerdo y llegarás a ser todo lo que fuiste predestinado a ser.

Tu historia está escrita y tu destino, establecido. Al Perfecto Guionista del Universo le ha placido escribir en uno de los capítulos de tu historia que te encontrarás llegando al palacio. El que escribió tu historia ya había determinado el momento justo en que ibas a recibir este mensaje. Porque así puedes saber que no has sido olvidado, ni hecho a un costado para siempre. Tus días no terminan en la tierra de la oscuridad. Has venido a la memoria del Rey para que misericordia sea hecha contigo. ¡Vamos!, el Rey te espera. La grandeza está en ti.

CAPÍTULO 4

Hecho a la medida

«Es necesario no solamente que lo sepas con la mente, sino que lo creas con el corazón».

Fuiste hecho a la medida de tu propósito. Es necesario que continuemos juntos recorriendo la verdad de tu verdadera naturaleza como hijo del Rey. Es necesario no solamente que lo sepas con la mente, sino que lo creas con el corazón. Lo importante es no solamente que te sientas como el hijo del Rey, sino que actúes como tal.

Como un sastre que se dedica a hacer trajes a la medida. Todo lo que el Creador dispuso poner en ti desde tu nacimiento te complementa de manera perfecta. Dios no hace las cosas a medias, ni defectuosas. Tu estructura emocional y tu personalidad son parte de tu traje a la medida que complementa a cabalidad tu identidad.

El diccionario de la Real Academia Española, en una de sus definiciones, describe a la identidad como un conjunto de rasgos propios de un individuo o de una colectividad que los caracterizan frente a los demás. También se define la identidad como la conciencia que una persona o colectividad tiene, acerca de sí misma, que la hace distinta o diferente a los demás.

La identidad tiene que ver con lo que te diferencia de otros y te hace distinto. Está dentro de la naturaleza humana el deseo de ser distinto. El sentirte único no tiene que ver con que tengas sentimientos de orgullo y superioridad. Lejos de eso, te quita el caer en la tentación de la comparación con otros. La comparación, cuando sabes la verdad de tu autenticidad, es ilógica. Es creer que lo que otro tiene es mejor de lo que tú tienes. Cuando en verdad no necesitas lo que el Creador ha puesto en otra persona. Toma mucha valentía la aceptación de ti mismo y reconciliarte con quien eres. Porque la sociedad siempre tratará de que te compares con otras vidas. Pero lo cierto es que cada quien está corriendo su propia carrera.

La manera en que te percibes a ti mismo es de suma importancia. Es crucial que no sea una imagen distorsionada. Ya que tu vida siempre se moverá en la dirección de la percepción que tengas acerca de ti mismo.

Nadie puede actuar diferente a como se percibe.

Suele suceder que otros te perciben de alguna manera y tú simplemente no logras ver lo bueno que otros ven ti. Y pasa también en lo opuesto. Muchas veces otros ven defectos que tú no logras ver. Todos de alguna manera u otra tenemos puntos ciegos que no vemos. Puede que te haya tocado que otros te celebren por algo, sin embargo, a ti te cuesta verlo y celebrarte a ti mismo. Por eso es tan importante que la percepción que tengas de ti se acerque cada vez más a la percepción que Dios tiene de ti.

Dios no quiere que vivas en modo de celebración para otros y no te celebres a ti mismo. El mandamiento de las Escrituras de amar a otros es tan claro como también amarte a ti mismo. Nuevamente, una manera de amar a Dios es amarte también a ti mismo y celebrarte por tu autenticidad. Honras a tu Creador y a la vida cuando te reconcilias con quien eres.

Esa manera única de hacer las cosas no fue puesta en ti al azar. Si tienes la fortuna de ser padre de más de un hijo, te habrás dado cuenta lo diferente de sus personalidades, dones y la manera de expresarse a sí mismos. A pesar de que en cada familia todos los hermanos vengan del mismo vientre, no quiere decir que tengan el mismo propósito o los mismos dones. Esto es muy importante saberlo. Porque en muchos casos, los padres cometemos el error de comparar a nuestros hijos. Esto lastima la autoestima de ellos. Los que somos padres debemos comprender que cada uno de nuestros hijos son diferentes en personalidad, dones y propósito.

Cuando David fue llamado para ser rey de Israel, él todavía se encontraba pastoreando las ovejas de su padre. Cuando el profeta Samuel llegó a su casa cumpliendo las órdenes divinas de ungir a un nuevo rey para la nación; él vio en lo natural a los hermanos de David con todo el porte para ser reyes. Pero Dios había escogido al pequeño que cuida las ovejas, no por su apariencia, sino por su corazón. Dios había puesto sus ojos en el pequeño pastor de ovejas que aún su propia familia no tomaba en cuenta. Dice en el libro de los salmos:

«Encontré a mi siervo David; lo ungí con mi aceite santo». *Salmos 89:20.*

Si te fijas en esta versión, menciona la palabra «Encontré». En otra versión dice: «Hallé a David, mi siervo». Si Dios menciona que encontró a alguien, es porque se mantuvo buscando. Sin embargo, toda la vida de David fue preparación para cuando llegara su tiempo de convertirse en rey y llegar al palacio. Él ya tenía su traje a la medida para su propósito.

Cuando un gigante llamado Goliat se paraba cada día para amenazar al pueblo y David decidió enfrentarlo en batalla, ya había sido entrenado en la tierra del anonimato. Esos momentos de aparente olvido fue lo que entrenó a David para lo que venía más adelante. Dicen las Escrituras que, en el momento anterior a enfrentarse con el gigante Goliat, él se probó la armadura de guerra de Saúl. Era una armadura que era digna de un guerrero. Pero resultó que era muy pesada para David; porque no era a su medida. Y es que lo que le pertenece a otro, si lo tomas para ti, siempre representará un peso en tu vida.

Viajas liviano también en la medida que te reconcilias con quien eres y no tratas de cargar con lo que le pertenece a otra persona. Es mejor que te odien por quien eres, a que te amen por quien no eres. No fuiste hecho para ser una copia de otra persona. Puedes imitar la fe de otro, pero no intentar ser esa persona. Siempre hay algo que no encaja cuando tratas de caminar el camino destinado para alguien más. El favor divino siempre te rodea cuando eres tú mismo sin tratar de ser otro.

Puedes celebrar, honrar y admirar lo que otro hace o la manera que lo hace, pero sabiendo que nada de lo que esa persona tiene te pertenece; ni se ajusta a la medida para tu misión. La armadura de guerra de Saúl no determinaba la victoria de David sobre Goliat. Él solo necesitaba saber quién era y quién lo respaldaba. Ningún gigante puede vencer a alguien que cuenta con el favor divino y con una identidad sólida, como la de David que fue forjada en la soledad con las ovejas. Ese pastor de ovejas pequeño y débil a la vista de muchos, tenía lo que hacía falta para vencer al gigante. Ningún Goliat puede venir a amenazarte y tratar de vencerte cuando sabes que tienes el respaldo divino, conoces quien eres y lo don que se te fue dado.

Los dones puestos en otros no te son necesarios para la persecución de tu destino. Puede que seas bueno con los números y te cuesta el tema de la comprensión de la lectura. Tal vez eres mejor en la parte creativa o con la música, y se te hace difícil todo lo que implica números.

Que no seas bueno para algo no te hace menos capacitado o te hace estar mal. Cada uno tiene su forma única de ser. No hay seres humanos mejores o peores, solo hay seres humanos diferentes y únicos. El motivo en que los dones residan en ti, es porque te son necesarios para tu misión. De lo contrario, no hubiesen sido puestos allí.

La manera en que te comunicas es única, tu manera de liderar es única, tu melodiosa voz es única, esa forma de hacer negocios y crear trabajos es única. Todo lo que se te da de manera natural es único, porque fue hecho a tu medida.

Hablando acerca de los dones, quiero hacerte algunas preguntas para que logres identificar qué es lo que te hace único e irreemplazable. Que conozcas tus dones a cabalidad es indispensable en tu camino hacia tu propósito. Porque es lo que el Creador ha dispuesto usar en ti. Hay un favor divino especial para las personas que emprenden y trabajan diligentemente en pulir los dones que fueron puestos en ellos. Por favor, tómate unos minutos en contestarte a ti mismo las siguientes preguntas:

¿Qué es lo que se me es fácil hacer y con pasión que hace que mi corazón palpite con fuerza cuando lo hago?

¿Qué es lo que haría hasta el final de mis días sin necesidad de que me pagaran por ello?

¿Qué es de lo que hago de manera natural, con lo que otros son bendecidos y edificados?

Es importante que identifiques tus dones para conocerte y saber tomar las decisiones correctas que te llevarán a tu destino. También pon atención a las cosas que te metían en problemas de niño o te regañaban por ello. Conozco a alguien que su madre lo regañaba porque siempre estaba hablando. De una manera u otra él siempre estaba tratando de comunicarse. Tenía problemas en el colegio y en las reuniones familiares por su necesidad de hablar. Ahora esta persona es un excelente comunicador y viaja por el mundo comunicando su mensaje. Siempre desde pequeños los dones naturales empezarán a asomarse y vienen a darnos claves de hacia dónde nos dirigimos.

Los dones fueron puestos en ti, no para ser enterrados, sino para ser multiplicados. Los talentos no se entierran, se multiplican, se pulen, y se trabajan para la excelencia. Los dones puestos en ti son tu regalo a otros. Nadie es bueno en todo o malo para todo. Es importante que sepas quién eres, pero también es importante que sepas quién no eres. Saber quién no eres te evitará muchas vueltas innecesarias en el desierto. Hay una bendición especial para aquel que se enfoca para lo que nació. Cada vez que otros son beneficiados con lo que fue puesto en ti, más inspiración viene, más puertas abiertas se abren, más favor sobrenatural es parte de tu caminar diario.

Hay un respaldo divino para aquel que encuentra sus dones y los pone al servicio de la humanidad. La manera en que honras a tu Creador es cumplir a cabalidad para lo que naciste y reconciliarte con quien eres.

Puede ser que a tus ojos tus dones sean pequeños y que no representan mucho. Pero no sabes lo que Dios puede hacer con algo pequeño. Dios pone sobrenaturalidad cuando alguien sin reserva sirve con sus dones para que otros sean beneficiados.

¿Sabías que lo que Dios usó en David para derrotar a Goliat fue su capacidad de tirar piedras con su onda? Antes de enfrentarse al gigante, David fue a tomar su onda y cinco piedras de río. Su don y el respaldo divino era todo lo que bastaba para enfrentarse a la tan esperada batalla. Lo cierto es que muchos te pueden insistir en que utilices lo que no necesitas. Lo que representa avance y bendición para otra persona, para ti puede representar una carga. Es importante saber que hay personas que, sin mala intención, tratarán de que te alejes de tu llamado o de agregarte cosas que representarán un peso. Son esas personas que te dicen a lo que te deberías dedicar y cómo deberías de hacerlo.

Hay padres que cometen este error con sus hijos. Tratan de imponerles una carrera determinada, unos dones determinados o, peor aún, los tratan de llevar hacia un camino determinado pensando en que eso es lo mejor para ellos o que les resolverá la vida. Un padre sabio no tratará de imprimir un código genético diferente a su hijo, sino que tratará de leer el que ya tiene para encaminarlo a su misión.

Eso es precisamente lo que Dios hace. Te muestra el camino de tus dones para edificación de otros y tu propia edificación. La verdad es que para vencer gigantes no se necesitan cosas externas, solamente el don que divinamente se te ha dado y el soplo divino sobre ello.

Fue una piedra clavada en la frente del gigante Goliat lo que lo hizo derrumbarse y perder la batalla. No sabes lo que Dios puede hacer con una piedra de río en las manos de un muchacho lleno de fe. El soplo divino sobre tu don es lo que hará que derribes gigantes, te sientes en presencia de los grandes y te posiciones en un sitio de honra. Siempre se tratará de un don natural impulsado por un soplo sobrenatural. En el uso de tus dones, tú pones lo natural y Dios lo sobrenatural.

Pero no creas que en la batalla con Goliat fue la primera vez que David usaba su onda para lanzar una piedra. El pequeño y menospreciado David ya había estado por años en entrenamiento con las ovejas de su padre defendiéndolas de osos y leones. Fueron esos años de menosprecio y soledad, donde su fe estaba siendo forjada y su don estaba siendo pulido.

Toda tu vida es un entrenamiento para llegar a destino. El tiempo que pasó David reforzando su fe y su puntería en la tierra del anonimato eran parte de un entrenamiento para cuando el gigante llegara. El don espiritual de la fe y un don natural siendo forjados en el pequeño David es lo que lo llevaría a otro nivel. Y es que Dios, en su perfecta soberanía, permitirá entrenarte en las áreas en que necesitas entrenamiento. Tu carácter también está siendo formado como parte del proceso. Necesitarás para lo que viene la fe que se está forjando en ti en el hoy.

El lugar hacia donde te diriges también es hecho a tu medida. Tu destino es hecho a tu medida. Es cierto que Dios no te da una prueba más grande de la que puedes soportar, pero también así pasa con tu destino. Él no te dará un destino más grande del que puedas soportar.

El entrenamiento es a tu medida, las pruebas son a tu medida, y el perseverar en la crisis es parte de tu entrenamiento. Si hasta ahora tu trayecto por el desierto ha sido largo y extenso, es porque así es el tamaño de tu destino. Todo es parte del propósito para forjarte para llegar a un destino. Así como un padre que trata a su hijo dependiendo de su carácter y personalidad. De esta forma, tu Padre celestial trata contigo de acorde a tu estructura emocional. Nadie te conoce tanto como Él. Incluso son conocidas esas partes de ti que tanto luchas por esconder. De hecho, te conoce mejor que tú mismo y mejor de lo que alguien más te pueda conocer; por cerca que esta persona se encuentre.

Muchas veces cometemos el error de decir que conocemos a alguien porque hemos convivido con esa persona algunos años, lo conocemos desde la infancia o hemos compartido el lecho conyugal por algunas décadas. Pero por mucho que los años hayan pasado y la convivencia haya sido de mucho tiempo, nada más podemos conocer una parte de esa persona. Hay una parte dentro de nosotros que solo nuestro Creador conoce, ni siquiera nosotros mismos.

También afirmamos conocer a alguien porque sabemos cómo luce físicamente. Cuando en realidad no hay manera de conocer a alguien solamente mirando su exterior. Tampoco el carisma y la personalidad nos permite conocer a cabalidad a alguien. No se puede conocer un libro por su portada o una canción por su melodía de introducción.

Únicamente el Creador puede darte las coordenadas que te dirigen hacia lo predestinado para tu vida. Es el porqué de la importancia acerca de dirigirnos al Único que nos puede guiar hacia nuestro destino. Y es que solamente quien es el creador de algo puede conocer completamente su uso y propósito. Por eso es importante confiar en el proceso y en lo que se te fue dado. Es por eso que todo con lo que has venido a esta tierra es a tu medida.

Reconciliarte con el hecho de que fuiste hecho a la medida te sanará tu estima. Porque es una de las bases que representa una parte importante de tu identidad. Lo que sucede es que la manera en que te conduces está íntimamente ligada a tu per-cepción de ti mismo. Siempre actuarás de acorde al concepto y la percepción que tengas acerca de ti.

Las personas tienen un concepto de ti, pero lo más valio-so es tu propio concepto acerca de ti. De otra manera, otros estarán constantemente decidiendo el nivel de tu estima por comentarios u opiniones que ellos tienen basados en lo que ellos son. Si alguien constantemente ataca y aminora la estima en otros, es porque esa persona es la portadora de baja estima. Uno solamente puede dar lo que uno es y lo que se tiene para dar.

Siempre tendemos a juzgar a otros de acorde a nuestros faltantes, las partes incompletas dentro de nosotros, o que tan quebrados nos encontremos. Por eso no les puedes entregar a otros el poder de decidir quién eres. Es como entregarle a otro ser humano lo que Dios ya decidió que serías desde antes de que nacieras. Es una forma de idolatría el poner la opinión de un ser humano por encima de la opinión del Señor, tu Dios.

Es cierto que todos tenemos personas cuya opinión nos importa hasta cierto grado. Y es que es absolutamente necesario pedir una opinión o un consejo a alguien que sabes que te ama y quiere lo mejor para ti. Puede ser un mentor, tu cónyuge, tus hijos, todas esas personas importantes en tu vida. Pero lo cierto es que, aun ellos siendo importantes en tu vida, no deciden tampoco tu destino, Dios sí lo hace.

A pesar de que has venido por medio de tus padres, ellos tampoco deciden tu destino. Tú primeramente eres hijo del Altísimo y, aunque otros no te hayan tomado en cuenta, tú ya tienes un lugar predestinado.

Camina con la seguridad de que ya portas tu traje a la medida. Celebra tu autenticidad y da gracias por ello. Reconcíliate con quien eres y acepta quien no eres. Acepta que lo que tú tienes es único y que no necesitas lo que se le fue dado a otros para cumplir tu misión. Fue tu Creador quien creó tu traje a la medida. Decreto, proclamo y declaro que Dios está sanando tu identidad. Fuiste hecho a la medida de tu propósito.

CAPÍTULO 5

El matón del barrio

«El miedo es el peor de los carceleros. Es como ese matón del barrio que no se irá de tu vida hasta que lo enfrentes».

Caminarás del otro lado del temor. El temor es la fe en negativo. Si la fe se define como la convicción de lo que se espera, el miedo y el temor trabajan de la misma manera. Desafortunadamente, lo que más temes también viene a tu vida debido a la intensidad de la convicción que el temor produce en ti.

En la edad de crecimiento, cuando nuestro carácter está siendo forjado, es cuando enfrentamos grandes temores. Es a causa de la vulnerabilidad y el miedo a lo desconocido que nos condiciona a vivir episodios de intenso temor en la niñez. La realidad es que absolutamente todos hemos enfrentado estos miedos de alguna u otra manera. Podrías haber estado de pequeño afectado por el miedo a la oscuridad, miedo a perderte en un lugar público, miedo a que uno de tus padres no regresara a casa, u otro tipo de cosas que vinieron a provocar esa inmensa sensación de miedo en ti. Ni hablar si has venido de un hogar disfuncional donde te tocó ver violencia, u otro tipo de situaciones que te vinieron a marcar de por vida.

Mucho de como has sido afectado en tu vida tiene de ver con que tan seguro tus padres y el ambiente donde creciste te hicieron sentir. También están los casos en que los padres por error transmitimos nuestros miedos a nuestros hijos. Cuando uno de nuestros padres es presa del temor, la manera en que lo tomamos en nuestra mente aún en desarrollo es que siempre hay algo de que temer.

El pasar por momentos de temor es normal en la experiencia humana. Sin embargo, también es necesaria una cuota de temor que nos hace por ejemplo ser precavidos cuando conducimos un auto o estamos por enfrentar una situación de riesgo. Pero ese tipo de temor que nos impulsa a la precaución no es dañino. El peligro radica cuando el miedo te paraliza a avanzar, o afecta tu personalidad, convirtiéndote en una persona temerosa e insegura.

En la palabra de Dios están 365 veces las palabras «No temas». ¡Exacto! Una para cada día del año. Es la voluntad de Dios que cada día vivas sin temor. Cuando te reconcilias con tu identidad y sentido de pertenencia, el temor no es parte de tu vida; porque sabes quién eres y a quién perteneces. Por ejemplo, un pequeño de tres años puede alejarse unos metros de sus padres, sin embargo, no tiene miedo; porque siente cerca la presencia de alguno de sus padres. El hecho de saber que le perteneces a tu Creador y que fuiste formado por Él, hace que sepas que hay alguien que vela por ti.

Puedes enfrentar cualquier cosa si te sientes seguro y confiado. Yo no creo que permitieras como padre que un vecino viniera a molestar a tu pequeño hijo o hija que juega en la parte posterior de tu jardín mientras estás presente. Si tú no lo permitieras, mucho menos quien te formó con tanta minuciosidad en el vientre de tu madre.

El miedo es el peor de los carceleros. Es como ese matón del barrio que no se irá de tu vida hasta que lo enfrentes. Siempre el miedo tratará de meterse sigilosamente en ti, para instalarse en la sala de tu realidad y así evitar que continúes. La mayoría de las cosas a las que los seres humanos le tememos son irreales. El miedo hace que la imagen de una hormiga en tu imaginación la haga parecer un elefante. El miedo siempre vendrá a gritar que mires las circunstancias, mientras la fe te susurrará una vez más que sigas confiando.

Es a tu Creador y Señor al único que debes temer. El sabio teme a Dios, un tonto le teme a la nada. Cuando me refiero al temor de Dios, no es acerca de la definición de un miedo paralizante. El temor a Dios es una forma específica de temor. Es un temor cercano a la idea de respeto, admiración y sumisión hacia Dios y su voluntad. El sentirte una persona sin miedo no es un milagro, es resultado de la obediencia.

La antítesis del temor es el amor. Y aunque suene un cliché, el amor es la respuesta. Siempre será la solución en las relaciones, en la vida y en el enfrentar tus miedos. Dicen las Escrituras en *1 Juan 4:18*:

«En el amor no hay temor, sino que el perfecto amor echa fuera el temor; porque el temor lleva en sí castigo. De donde el que teme, no ha sido perfeccionado en el amor».

No estás mal por sentir temor, o por alguna vez haberlo sentido. Solo tú sabes lo que has tenido que enfrentar para que una cuota de temor se haya instalado en ti. Dios conoce a cabalidad tu historia y sabía que tendrías una etapa de temor que luego conquistarías. Ya está escrito que el que camines del otro lado del temor es cuestión de tiempo. Porque, así como todos, estás en una etapa de crecimiento y de conquista de tus temores.

Lo que te hace sentir temor a ti no necesariamente le hace sentir temor a otra persona. Y absolutamente nadie te debe juzgar por eso. Solamente tú sabes lo que has tenido que pasar o lo que estás enfrentando para que estés en ese estado de inseguridad continua. Solamente recuerda que cada día Dios está poniendo en ti más fe, más esperanza, más amor, más confianza en que tienes un destino y más convicción que tienes una misión que cumplir.

Estás nada más en el comienzo de tu nueva vida. Considera que ese miedo que aún te cuesta por despedir, tal vez haya sido transmitido desde tu infancia o se inició a partir de algún episodio que haya afectado fuertemente tus emociones. Probablemente, te ha pasado que le cuentas a alguien tu próximo proyecto y esa persona, tal vez sin mala intención, te transmite todas sus inseguridades.

Las personas con fe transmitimos fe; y las personas con temores transmitimos temores. Si te rodeas de personas temerosas, es cuestión de tiempo que sus miedos te afecten de manera negativa. Todos siempre nos estamos transmitiendo lo que somos y lo que llevamos dentro. Si te asocias con personas con fe, crecerás en tu fe.

También los ambientes influyen en tus temores o nivel de seguridad. Un ambiente de fe es una tierra fértil donde te impulsa a seguir tus sueños y tu propósito. En su contrario, un ambiente de temor y negatividad te puede ahogar en la desesperanza. Por eso el ambiente en que creciste era muy importante; porque determina cómo psicológicamente procesas las situaciones que amenazan con causarte temor.

El temor también reside en una mente sin disciplina. Todos estamos librando nos guste o no una batalla mental. Pareciera que estamos en medio de una guerra angélica que está teniendo lugar en el campo de batalla de nuestra mente. El proceso de la mente es bastante interesante. Porque todo viene de un pensamiento. Pensamientos de fe, de nuevos avances, de esperar lo mejor tendrán resultados de acorde a esos pensamientos.

En las Escrituras nos dice que tenemos que guardar nuestro corazón. Cuando la palabra de Dios se refiere al corazón, está hablando de ese hombre interior que todos tenemos. Esa parte donde residen nuestros pensamientos, emociones y voluntad. Es esa parte donde nadie ve y que solo tú conoces. La responsabilidad de cuidar lo que pensamos es de cada uno. Nadie puede cuidar tu mente por ti. Nadie puede darte su fórmula personal o estar pendiente de lo que dejas entrar a tu mente. Es una responsabilidad individual.

Desde la mañana, y durante el día, tendremos tentaciones y pensamientos que nos quieran arrastrar al temor. Una y otra vez, el miedo vendrá a tratar de ahogar tu fe y paralizarte. Puede que más de alguna vez te encuentres pensando en que no sabes cómo llegarás a fin de mes con tus pagos, que puede que pierdas tu trabajo, que tu cónyuge te está siendo infiel, o que te puedes enfermar y algo podría pasarle a tu familia. Pero todos son temores autoinfundidos acerca de cosas que no han sucedido.

Esto de la batalla de la mente es un asunto diario. Todos, mientras nos encontremos vivos será algo constante con lo que tendremos que lidiar. La situación con la mente es que los pensamientos no desaparecen, solamente se reemplazan. Por ejemplo, te puedo sugerir en este momento que no pienses en una manzana. Sin embargo, adivina en qué te enfocarás. ¡Exactamente! Pensarás en una manzana. A pesar de que yo te esté diciendo que no pienses en ella. Ahora, si te propongo que pienses en un durazno y que imagines su forma, su textura, su color exterior y su sabor, es cuestión de segundos que empezarás a sentir el deseo de comer un durazno, tus glándulas salivales empezarán a segregar saliva y hasta podrías llegar a sentir su olor. Lo interesante es que desapareció la manzana de tu mente debido a que simplemente te enfocaste en un durazno. Entonces con respecto a los pensamientos negativos que vienen a tu mente, no trates de luchar con ellos, sino de reemplazarlos.

La mente es un instrumento realmente poderoso. Y lo llamé instrumento porque un instrumento es neutro. Se puede usar para bien, como para mal. Un cuchillo es neutro. Un cuchillo puede ser utilizado para terminar con la vida de una persona o puede ser utilizado para cortar los lazos que amarran las pequeñas manos de un niño en cautiverio. Muchas de las cosas no son buenas ni malas; todo cambia según la intención y el propósito con que se utilizan. Entonces la mente como tal es un instrumento como si fuese un jardín donde tú decides qué semillas sembrar.

Los sentimientos siempre seguirán a un pensamiento. Quiere decir que para que exista un sentimiento de felicidad, primero tienen que haber pensamientos felices. Igualmente sucede con el temor, si sientes miedo, es porque primero tu mente se enfocó y entretuvo pensamientos de temor. El temor es un mentiroso por naturaleza. Te hace creer que los peligros existen en la nada.

Recuerdo escuchar una historia de un hombre que era el encargado de varias líneas de ferrocarriles del condado. Era por todos conocido que era un hombre solitario, austero y de pocas palabras. Siempre se le veía llegar caminando de madrugada en medio de los ferrocarriles con su camisa a cuadros, botas de trabajo y su bolsa de almuerzo en mano. Este hombre sabía todo acerca de trenes. Los cuales habían sido su compañía desde su adolescencia.

Él se hacía cargo de todo el mantenimiento de todos los trenes que pasaban por esa estación del condado. Los trenes de carga como los de pasajeros. Casi nunca hablaba con nadie. Solo se mantenía lejos y observaba cómo las personas agolpaban las entradas antes de abordar de los respectivos trenes con destinos diferentes.

Un día se dio a la tarea de darle mantenimiento a uno de los últimos trenes de carga de la estación. Era uno de esos trenes que transportaban carnes en congelación. Él se encontraba limpiando uno de los últimos vagones ya bien entrada la tarde. Cuando de repente y sin darse cuenta, un fuerte golpe de la puerta del vagón cerraba por completo el espacio donde se encontraba haciendo las últimas labores del día. Muy asustado trató de abrir la puerta con fuerza, pero no consiguió ningún resultado. Se agachó en medio de la oscuridad para palpar algún tipo de herramienta para intentar abrir la puerta, pero no pudo encontrar nada. Lo único que aquel hombre sabía era que afuera estaba oscureciendo, nadie más se encontraba en la estación y que estaba en uno de los vagones que servía para transportar carnes en congelación. Su inmediato pensamiento fue: «Voy a morir congelado».

Se dedicó los siguientes minutos a golpear con fuerza los laterales del vagón en congelación. Aunque no veía nada, podía sentir cómo el vapor helado salía de su boca y cómo el palpitar de su corazón disminuía. Seguía golpeando y haciendo mucho ruido; sin embargo, nadie parecía estar afuera para ayudarlo a salir. Ya después de un tiempo, le estaba costando respirar, y sus piernas se estaban tornando débiles. Este hombre sabía que el estar a tan baja temperatura lo estaba debilitando rápidamente. También sabía que era cuestión de tiempo que perdería el sentido y se dijo a sí mismo: «Si nadie viene a ayudarme pronto, no sé cuánto tiempo pueda soportar aquí».

Tristemente, la historia no termina bien para aquel hombre. En la mañana siguiente, cuando uno de los encargados de otra flotilla de trenes notó esa madrugada su ausencia al trabajo, empezaron a buscarlo. Después de haber sido informados de que aquel trabajador de ferrocarril no había llegado a su casa la noche anterior, se dieron a la tarea de buscarlo y finalmente dieron dónde estaba. Abrieron el último vagón de uno de los trenes de carga y allí lo encontraron; reclinado sobre su costado y sin signos vitales. Lamentablemente, había muerto de hipotermia grave. Cuando alguien muere de esta manera, el cuerpo entra en un estado de rápido descenso de la temperatura producido por la exposición al clima frío. Primero se genera una pérdida de conciencia, dilatación de las pupilas, la presión baja súbitamente y el ritmo cardiaco disminuye débilmente hasta que el corazón deja poco a poco de irrigar sangre al cuerpo.

Lo curioso de esta historia es que, cuando los hombres que rescataron a aquel trabajador de ferrocarril notaron algo extraño, se dieron cuenta de que el vagón donde había muerto aquel hombre nunca estuvo conectado a la fuente de energía que hacía que la refrigeración estuviera funcionando. El vagón nunca llegó a estar en temperatura bajo cero. Increíblemente, aquel hombre murió por la creencia de su mente. No pudo sobrevivir a lo que su mente le decía que era su realidad. Sin embargo, aunque su miedo a morir no constituía algo real, tuvo todas las reacciones físicas de una muerte por hipotermia. La confusión, la oscuridad, el cansancio de la jornada y una creencia distorsionada fue que le hizo perder la vida. Si este hombre hubiese sabido que el vagón no estaba conectado, no hubiese tenido este tipo de reacciones que lo llevaron a la muerte. El miedo se cobró una víctima más.

Hace un tiempo, un grupo de investigadores les pidieron a treinta personas con trastorno de ansiedad generalizada que describieran qué era lo que los preocupaba durante un mes. Pasado el tiempo del estudio, el 91.4 % de las cosas que los preocupaban nunca llegaron a suceder. Llegaron a la conclusión de que los temores en su mayoría cuando son a corto plazo no son reales. Y es precisamente eso lo que el miedo viene a hacer en tu vida. Te hace creer algo que no existe. Te viene a decir que algo es real, cuando no lo es o cuando no ha sucedido.

Pero he venido a decirte que ya no serás un esclavo del temor. El temor ya no será el matón del barrio o de la vida que viene incesantemente a infundirte miedo paralizante. No importa que tanto grite el temor en tu mente, sigue escuchando el susurro de la fe. Recuerda que no es lo que sientes, es lo que sabes. Y sabes que lo que el miedo te dice no es real, que Dios está de tu lado, que te encuentras en una misión y que te diriges a un destino más grande que tú mismo.

Así que, cuando lleguen pensamientos de temor, déjalos pasar; no luches con ellos. Solamente reemplázalos con la grandeza de tu Dios y con su Palabra. Caminarás del otro lado del temor.

SEGUNDA PARTE

ACEPTACIÓN

CAPÍTULO 6

Viaja liviano

«Nada hace que viajes más liviano por tu vida que perdonar».

El perdón te libera. Nada hace que viajes más liviano por tu vida que perdonar. Sé que este tema es muy sensible para muchas personas; más que todo por las heridas aún abiertas debido a la falta de perdón. La realidad es que el perdón no libera al ofensor, el perdón te hace bien y te libera a ti. El perdonar es crucial para tu progreso. No sabes los estragos que la falta de perdón hace en alguien. Es como si fuera un obstáculo en el medio para que las bendiciones lleguen a tu vida. Lo más desafortunado es que pareciera que la falta de perdón te imposibilita a recibir la gracia de Dios debido a que aún hay controversias en tu alma por resolver.

Sé que esta parte del perdón es muy dolorosa para muchas personas. Es como estar atravesando en una cirugía a corazón abierto sin anestesia. Ya que toca puntos muy sensibles dentro de ti que tienen que ver, en muchos casos, con personas cercanas a ti que tal vez te han causado algún tipo de dolor que todavía se encuentra sin sanar.

Tu caso no es diferente al de otros. Todos los seres humanos empezamos a experimentar el dolor ocasionado por las relaciones desde temprana edad. Sin embargo, una de las características de los niños es que son rápidos en perdonar, soltar y olvidar. Ojalá fuese así para nosotros los adultos. Por eso es que Dios nos insiste en que seamos como niños. Y es que si observas a los niños jugar, puede que se peleen en un momento, pero es cuestión de minutos que nuevamente estén pateando su balón o siguiendo como si nada en la aventura del juego. A diferencia de los adultos, los niños no tienen prejuicios, no juzgan, y no retienen actitudes los unos con los otros.

En lo que más necesitamos sabiduría los seres humanos es en el tema que tiene que ver con las relaciones interpersonales. Si has vivido lo suficiente, ya te habrá tocado muchas veces sufrir heridas de esta índole. El hecho de tener toda clase de conflictos en las relaciones es una materia que todos estamos cursando. Me refiero a este tema en presente continuo porque, de una u otra manera, todos estamos en el medio de atravesar fricciones relacionales con otras personas. Dios usa el dolor causado en las relaciones para hacernos crecer, madurar y forjar nuestro carácter.

El punto del perdón es crucial para que puedas avanzar. El resentimiento es algo que se queda dentro de ti para sabotear tus sueños, robarte la paz, e imposibilitarte a que avances hacia tu destino. En uno de los capítulos anteriores tocamos el asunto de que hay grandeza dentro de ti. Pero la grandeza también puede ser opacada por un corazón todavía sin sanar. No tienes la menor idea las bendiciones que vendrían a tu vida si tan solo decidieras perdonar a tu excónyuge, a esos compañeros de trabajo, a esa persona que robó tu inocencia, o a quien te lastimó por esa infidelidad. Es una decisión a la que de ninguna manera me refiero como algo fácil de hacer, ni pretendo aminorar tu dolor. Solamente Dios y tú saben la profundidad de las heridas de tu alma.

Puede que te resulte familiar lo siguiente. En la mayoría de los casos a los primeros que tenemos que perdonar es a nuestros padres; o por lo menos a uno de ellos. Puede que hayan cometido errores contigo debido a la inexperiencia de la juventud, la presión de tener responsabilidades cuando no estaban preparados, o por estar también dañados por dentro. La manera en que tus padres te criaron era lo único que conocían.

La ausencia ya sea física o emocional de un padre también cuenta como orfandad. Puede que hayas tenido a uno de tus padres ausente, o que usaban castigos severos que te causaron dolor o simplemente recuerdas el sentimiento de sentirte un huérfano aunque tuvieras a tus padres vivos durmiendo en la habitación de al lado. Entiendo que muchos padres tuvieron que salir a pelearse con la vida para poder poner pan en la mesa y no tuvieron tiempo de hacer contigo la tarea o patear un balón. Es bastante fácil distraernos y perdernos momentos que no volverán.

Es importante que recuerdes que si Dios te hizo nacer, también hizo que nacieras en esa determinada familia. Tus padres fueron escogidos para ti y tú fuiste escogido para ellos. En algunos casos fueron los hijos los que vinieron a salvar de alguna manera la vida de sus padres. Dios sabe la razón del por qué integrarnos en ese núcleo familiar o en ese ambiente disfuncional. Eres quien eres hoy por todo ese historial que conforma tu pasado.

Tus padres, con toda su montaña de errores y aciertos, fueron escogidos para que tú vinieras a este mundo. Dos personas seleccionadas y utilizadas con propósito para que también su información genética fuera impresa en ti. Por muchos errores que tus padres pudieran haber cometido contigo, les debes cuidados, noches sin dormir, y preocupaciones por tu bienestar en los años en que eras más vulnerable. El perdonar a tus padres independientemente de los errores que cometieron, es necesario para que camines hacia la mejor vida que Dios ha dispuesto que tengas.

Las Escrituras son claras acerca del mandamiento de honrar a tu padre y a tu madre. Es el primer mandamiento con promesa que dice que al honrarlos te irá bien y tendrás larga vida sobre la tierra. (Ver *Efesios 3:10*) ¿Quién quiere que las cosas le salgan mal? ¿Quién quiere emprender algo para que en el medio algo pase y todo se venga abajo? Y si esto ha sido una constante en tu vida, si sientes que no cuentas con favor en lo que has emprendido hasta hoy, puedes revisar cómo estás con respecto a la honra a quienes fueron usados para traerte a la vida.

Puede que la decisión en el hoy de honrar a tus padres o a su memoria cambie radicalmente el favor divino sobre todo lo que emprendas de ahora en adelante. El honrar a tus padres terrenales es un principio que traerá una cosecha de avance a tu vida. Los principios son neutros; cualquiera que los aplique obtendrá un resultado. Y cualquiera que sea negligente en cumplirlos también cosechará por su falta de acción. Podría ser que sin darte cuenta has venido quebrantando un principio fundamental para que te vaya bien en todo. El honrar a tu padre y a tu madre es el cuarto dentro de la lista de los diez mandamientos en las Escrituras. Sin embargo, aunque es el número cuarto en la lista, es el primer mandamiento con una promesa asegurada. (Ver *Deuteronomio 5:16*)

Lo cierto con respecto a tus padres es que ellos también de alguna manera fueron quebrados mientras crecían e hicieron contigo lo que conocían. Ellos también tuvieron sus temporadas de desierto o una niñez quebrada. Ellos también tienen una historia triste que contar. Si alguien no resuelve sus partes rotas, lo llevará hacia las próximas generaciones. Con respecto a esas partes aún no resueltas de alguien, lo cierto es que si alguien no fue abrazado no abrazará y si alguien no fue amado, tampoco lo sabrá demostrar.

Ten en cuenta que eso que tanto te molestaba de tus padres o de uno de ellos, era el resultado del dolor interno que aún tenían. Cuando niños, tendemos a ver a nuestros padres como superhéroes, pero la verdad es que, como todo adulto, todavía muchos llevan a ese niño interior lastimado. Recuerda que solo les podemos entregar a otros lo que somos y lo que llevamos dentro.

Nadie viene con un manual bajo el brazo que nos diga los diez pasos para ser un buen padre. Aprendemos mientras caminamos entre errores y aciertos. Por supuesto todos queremos cosas buenas para nuestros hijos; no obstante, todos cometemos errores en el camino. Si eres padre, tú has cometido errores con tus hijos, así como tus padres los cometieron contigo. Nada más Dios y tus padres saben los tramos de desierto que tuvieron que atravesar. Entiendo que por estar aún lastimado los pudiste haber juzgado a través del dolor de la herida. Sin embargo, así como en la mayoría de seres humanos, en su momento también a ellos alguien los dejó caer y vino a lacerar esas partes inconclusas de su alma.

Siempre tendemos a juzgar a otros sin conocer los renglones que conforman su historia. La verdad es que puede que no sepas a cabalidad en qué punto tus padres tuvieron que ponerse a trabajar desde temprana edad, sacrificarse por poner pan en la mesa, y aun así cargar esas partes rotas de su alma. Siempre tendrás más cosas que agradecerles a tus padres de lo que les puedas reprochar. Y el perdón hacia ellos no es para que ellos sean libres, sino para que tú lo seas.

Una de los pasos que hay que tomar también para viajar liviano tiene que ver con perdonar también a Dios. Por supuesto, Él no necesita tu perdón, eres tú quien lo necesita. Muchas veces la forma de interiorizar un dolor en nuestra vida es culpando a Dios por ello. Y es que es muy entendible que te hayas preguntado dónde estaba Dios cuando el abuso ocurría en tu vida, cuando te tocó pasar esos episodios de violencia, cuando te encontrabas en medio de las ruinas. Lo cierto es que el Señor nuestro Dios sigue sentado en su trono independientemente de nuestras circunstancias. Él sigue siendo soberano por encima de lo que nosotros o el mundo pueda estar atravesando. Ninguna de las circunstancias terrenales cambiará la naturaleza divina.

Hago memoria de lo que en cierta ocasión una madre me expresó acerca de algo que vino a atravesar su alma con intenso dolor, y fue debido a la pérdida de su pequeña bebé con apenas meses de nacida. El perder a un hijo es uno de los dolores más grande que un ser humano puede atravesar. El perder a un hijo es el «dolor sin nombre». Ya que si alguien pierde a sus padres se le llama huérfano, al que pierde a un cónyuge se le llama viudo; pero no hay un nombre que defina al que pierde un hijo. Esta persona me comentaba con dolor que por mucho tiempo no pudo dirigirse a Dios en ninguna forma. Trataba de ignorar el aferrarse a algún tipo de fe y lo culpaba por la muerte de su hija. Era totalmente comprensible que esta mujer pasara por todas estas etapas de culpar a Dios, a sí misma, a la vida y a lo ilógico que es a veces estar en este lado de la eternidad. Sin embargo, con el tiempo y mediante un proceso la decisión de perdonar tuvo que tomar lugar en su vida para que pudiera ser libre y viajar liviano.

Reconciliarte con el hecho de que Dios continúa siendo soberano a pesar de tu dolor es fundamental. Porque habrá episodios en tu vida que no tendrán ningún sentido, y no será nunca jamás culpa de Dios por ello. Entonces el reconciliarte con tu Creador por pasar episodios de intenso dolor es necesario. Y es que es entendible que la manera en que lo hayas percibido es como que si Dios es Todopoderoso porque no evitó ese momento de dolor en tu vida.

Parte de la vida es atravesar momentos injustos. Absolutamente todos, por mucho que nos afanemos, no podremos evitarnos esas partes injustas de la vida. Esto es parte de reconciliarte con la soberanía divina. Es aceptar que Dios es soberano por encima de lo que te puede estar sucediendo.

La realidad es que también Dios se permitió a sí mismo sufrir todo el dolor de la experiencia humana para poder derramar la gracia sobre la humanidad. Él conoce la traición, la soledad, el menosprecio, la subestimación y también el dolor que significa perder a un Hijo. El mismo Dios que acomodó el cosmos en el universo se permitió por amor sentir el dolor más grande que puede experimentar un ser humano. Solo el amor tiene la capacidad de sacrificarse a sí mismo.

El aceptar la idea de que habrá respuestas que no tendrás resueltas en este lado de la eternidad, te evitará vivir en constante confusión. Pero lo más importante es que te evitará tener una imagen distorsionada de Dios por percibirlo por medio del dolor de la herida.

Tal vez es otro tipo de dolor el que te hace todavía tener raíces de amargura. Puede que hayas sido víctima de abuso de cualquier tipo mientras crecías y te quebró como persona desde ese momento en adelante. Y nuevamente la pregunta: ¿Dónde estaba Dios en esos momentos? ¿Acaso no le importaba el daño que esa persona estaba infligiendo sobre mi vida? Nadie te puede culpar por muchas veces haberte preguntado esto en los momentos de dolor. Las preguntas del porqué en momentos de crisis también son válidas. Tal vez hayas escuchado que se dice de que no que hay preguntarse el «porqué» sino el «para qué». Y es cierto que todo te servirá para bien y terminará siendo usado para tu crecimiento. Pero lo cierto es que el mismo Jesús también tuvo una pregunta de un «porqué» antes de exhalar su último aliento. Le preguntó a su Padre por qué lo había abandonado. (Ver *Mateo 27:46*). Pero también ese abandono de Jesús en la cruz tuvo un propósito. Y fue para que tú y yo jamás fuéramos abandonados por la eternidad.

Nadie puede juzgar tu dolor porque nadie caminó ningún tramo de desierto contigo. Por supuesto nadie puede aminorar tu dolor porque solo tú conoces lo que te ha tocado vivir y lo que te vino a quebrar. Sin embargo, es necesario entender que tu dolor es empleado para tu bien, aunque no parezca así en el momento de las lágrimas.

Dios es un Dios de amor que permite temporadas de dolor para hacernos bien. A veces él permite temporadas de dar círculos en un desierto antes de llegar a una Tierra Prometida. Él no envía el dolor, pero siempre lo utilizará para transformarte. Eres quien eres por esos episodios de quebrantamiento. Tal vez tu madurez, la forma de ver la vida o la forma de tomar decisiones fueran totalmente diferentes de no haber tenido que estar primero con tu alma en pedazos.

Otra de las cosas a perdonar, y me atrevo a decir que ya has pasado por una de estas etapas dolorosas, es lo que tiene que ver puntualmente con la traición. Si estás vivo y tu corazón aún palpita en el vórtice izquierdo de tu pecho, ya habrás atravesado la dolorosa traición en alguna de sus formas. Las materias de vida son permitidas con un propósito. Nadie espera ser herido en algún momento, ni nadie camina por la vida esperando atravesar el doloroso episodio de la traición. Lo cierto es que aun Jesús siendo Dios, tuvo que sufrir la traición. Aun cuando esa traición vino de los que amaba y por los que estaba dando su vida. Sin embargo, cuando sabes que tienes un destino, te reconcilias con la idea de que un Judas sentado en tu mesa también es parte del trayecto. Cuando sabes que te diriges hacia un lugar, tienes una perspectiva diferente de lo que pueda pasar en el camino. Esa persona que te traicionó y abusó de tu confianza también fue puesta, no para detenerte, sino para ayudarte a avanzar. Muchas veces son tus enemigos los que terminan siendo los mejores amigos de tu destino.

Pero te podrías preguntar: ¿Cómo esa persona que me hizo tanto daño pudo haberme ayudado a avanzar? Y es que Dios no envía el dolor, pero lo utiliza para tal final hacerte bien. Cuando entiendes que cada estación de dolor en tu vida es usada para bien, atraviesas las crisis con una perspectiva diferente. Cuando ves algo que te pasó como un caso aislado, por supuesto que no hace ningún sentido en el momento. Sin embargo, recuerda que Dios ve el cuadro completo. A él no lo tomó por sorpresa ese dolor de la traición en tu vida. Nadie puede evitarse las heridas causadas por las relaciones; sin embargo, sí podemos elegir que su veneno no continúe haciéndonos daño.

La traición puede venir de amigos, familiares, del que comparte tu lecho conyugal, de esa persona que creció contigo y se hacía llamar tu «amigo», de colaboradores, socios o de quien menos te imaginas.

En ningún momento es algo que deseo que te pase, pero entiendo que es parte de la experiencia humana. Con respecto a la traición, no es si te pasa, sino cuándo te pase.

Jesús sufrió la dolorosa traición como parte de su propósito. Sin embargo, la sabiduría también supo discernir que el ser vendido por treinta monedas de plata también era parte de su destino. Y es que la traición no solo vino de sus enemigos sino también de aquellos a quienes él amaba. También la traición de negarlo tres veces de un Pedro era parte de lo que tenía que enfrentar para consumar su misión.

Por supuesto que todo tipo de traición es dolorosa. Ya sea que venga de una persona que abiertamente se declare tu enemigo o que venga de alguien que ames profundamente. Lo cierto es que nadie hace planes para ser traicionado. Nadie escribe en su agenda el próximo episodio de traición. Sin embargo, es necesario que aceptes la idea que Dios también permite esos episodios de traición con propósito. Si no hubiese sido por esos momentos en que la traición sucedió en tu vida, no hubieses recibido las bendiciones que luego vendrían. La traición no viene a detenerte, sino a llevarte a un nuevo nivel de tu destino. El que perdones a los que injustamente te han pagado mal en tu pasado es necesario. ¿Qué puedes hacer a estas alturas de tu vida sobre algo que sucedió hace tanto tiempo? Lo único que puedes hacer por tu bien es perdonar y seguir caminando.

El perdonar a otros por sus errores no es una sugerencia, fue escrito como un mandamiento. Y podrías decirme: «Tú no sabes lo que me hicieron», «Si supieras cómo esta persona me dañó y me hizo vivir en la desconfianza de por vida». Y es que tienes toda la razón por sentir dolor. Sin embargo, el hecho de tener una herida abierta que aún duele no es excusa para no perdonar. Puede que aún te duela la herida; sin embargo, te tocará perdonar en medio del dolor. Y la razón por la que te digo de perdonar en medio del dolor es porque Jesús dejó el ejemplo claro acerca de cuándo es el tiempo de perdonar. Cuando Él todavía pendía de la cruz, pronunció perdón a aquellos que lo estaban ejecutando. Todavía sus clavos atravesaban sus manos cuando con poco aliento antes de morir pronunciaba perdón en lugar de odio. Así lo dice en *Lucas 23:34*:

«Y Jesús decía: Padre, perdónalos, porque no saben lo que hacen. Y repartieron entre sí sus vestidos, echando suertes».

Entonces, si aún te duele lo que alguien te hizo, entonces es tiempo de perdonar. El perdonar no es cuando lo sientas, sino cuando lo decidas. Recuerda que el perdón no tiene nada que ver con si la otra persona se lo merece o no. Perdonas porque tú mereces ser libre y viajar liviano. Si la otra persona se arrepintió o no de haberte causado un dolor es un asunto entre esa persona y Dios. Tu deber y el mío es perdonar aunque no se lo merezcan. Mantienes atada a tus emociones a toda persona que no hayas perdonado.

Estás a punto de ir a un nuevo nivel de tu destino, todas las bendiciones llegarán después de este paso de perdonar las circunstancias, a Dios, a ti mismo y a otros. Ya nada te seguirá quitando el gozo u obstaculizando tu caminar hacia tu propósito. Tu destino es demasiado grande como para que una falta de perdón venga a retrasarlo. Decreto, proclamo y declaro que de hoy en adelante caminarás viajando liviano hacia tu destino, perdonarás a todos sus ofensas y sanarás toda herida que todavía te esté causando dolor. A causa de tu decisión de perdonar hoy, la sanidad ha tomado lugar en todas las partes rotas de tu alma. El perdón te libera.

CAPÍTULO 7

Las controversias del alma

«Perdona, bendice y sigue tu camino. Mereces viajar liviano hacia destino y ver lo que Dios tiene preparado para ti del otro lado del perdón».

Empiezas un nuevo tiempo. Es mejor que dejes el pasado donde pertenece. Tu destino es muy grande para que sigas permitiendo que tu mente te siga llevando hacia el pasado; te continúe llevando una y otra vez hacia ese lugar de donde no puedes regresar más para arreglar algo. Ya no puedes seguir conduciendo por la carretera de tu vida mirando por el espejo retrovisor, porque eventualmente te estrellarás. Deja el pasado donde tiene que estar, en ese sitio donde tú no tienes más el control. No puedes regresar a tratar de juntar los pedazos de lo que se quebró, de lo que no funcionó, o tratar de arreglar lo que se dijo en determinado momento.

La verdad es que lo único que tienes es el hoy. Solo tienes el control de tus decisiones y de tu actitud en el presente. La única licencia que tienes para mirar al pasado es por agradecimiento por las victorias que Dios permitió tener en el pasado, las veces que rescató, y todo el favor y las puertas abiertas. De muy pocas cosas realmente tienes el control. Únicamente tienes el control de tu actitud, de tu esfuerzo, y de lo que permites entrar a tu mente.

El añorar los tiempos pasados no es de sabios. Dicen las Escrituras en el libro de Eclesiastés que no está ligado a la sabiduría el preguntarse por qué los tiempos antiguos fueron mejores (Ver *Eclesiastés 7:10*). Te puedes dar cuenta a los cinco minutos de hablar con alguien lo que hay dentro de dicha persona. Si quieres saber cómo es alguien, solamente permite que hable. Todos hablamos de lo que tenemos dentro. Una conversación te dirá el enfoque, las prioridades y lo que dicha persona es. Todos nos revelamos a nosotros mismos cuando hablamos. Cuando alguien habla del pasado es donde esa persona interiormente reside. Cuando alguien nada más habla de tiempos antiguos es porque, aunque su cuerpo físico esté en el presente, a nivel mental y emocional esa persona reside en el pasado. Pero el pasado fue un presente que ya no existe y que ya no puedes cambiar por mucho que intentes volver a él en tu mente.

Dios hace todas las cosas nuevas. Y los nuevos comienzos empiezan con soltar lo antiguo. También soltar lo antiguo tiene que ver con soltar las ofensas del pasado, los errores de otros y tus propios errores.

Perdonarte a ti mismo también es muy importante. Si no te perdonas a ti mismo, hará que vivas con un sentimiento de culpa. La culpa es la imputación a alguien o a ti mismo como causante de un resultado debido a una determinada conducta o acción. Curiosamente, a muchas personas se les hace más fácil perdonar a otros que perdonarse a sí mismos.

Absolutamente todos tenemos cosas que perdonarnos. Por las veces que ofendimos a alguien con nuestras actitudes o palabras, por errores cometidos por malas decisiones, las veces que nos equivocamos en decidir algo que causó dolor, etcétera. Tal vez todavía te culpes por ese divorcio, por esas veces que dijiste lo que no debías y permitiste que tus palabras hirieran. Lo cierto es que las palabras también dejan cicatrices. Y muchas veces esas cicatrices las causamos desafortunadamente sobre los que más amamos. Todo aquel que te diga que no ha cometido errores de este tipo es porque nunca tuvo que relacionarse con nadie o no está siendo honesto en reconocer sus faltas. El equivocarse es también parte del trayecto.

Una parte de las relaciones interpersonales tiene también que ver con cometer errores de manera impulsiva; ya sea con palabras, actitudes o acciones. Todos cometemos errores y aciertos a la hora de relacionarnos los unos con los otros. Puede que les hayas dicho alguna vez palabras hirientes a tus hijos o ellos a ti. Tal vez han sido problemas de actitudes dentro del matrimonio o en el ámbito laboral. Tristemente, son a las personas que más amamos a las que terminamos lastimando con mayor facilidad. Porque son las que están más cerca y nos conocen con más a profundidad. Uno de los síntomas de estar rotos por dentro es la facilidad con que podemos llegar a causar dolor en otras personas. Si estamos lastimados, lastimaremos.

Hoy es el día que despedirás la culpa de ti. Lo más grave de no perdonarte a ti mismo es que cuando te infliges un autocastigo debido a la culpa, tú mismo te autodescalificas de recibir la gracia de Dios. Absolutamente todo tiene que ver con tu manera de pensar. El hecho de aún mantener culpa y no perdonarte hace que sea difícil recibir el amor de Dios y de otras personas. La culpa lo que hace es que tengas un sentimiento de falta de merecimiento hacia ti mismo.

El no entender que Dios no te ama por tu desempeño, sino por quién eres, hará que siempre estés en un esfuerzo constante de tratar de ganarte el amor de Dios. No hay nada que puedas hacer para que Dios te ame más o te ame menos. Eres amado por quién eres, no por lo que haces. El aceptar el amor de Dios es una de las cosas más difíciles de hacer para la raza humana. Por la crianza, doctrinas religiosas, creencias personales; los seres humanos tendemos a creer que tenemos que hacer algo para compensar algo que se nos da por gracia. Te podrías dedicar el resto de tu vida a hacer obras buenas y de beneficencia y eso no cambiará en nada que Dios te ame más.

Por ejemplo, tú no amas a tus hijos por sus calificaciones, o porque tienen alguna vena artística o anotan goles en algún partido de futbol. Tú los amas por quiénes son, no por su éxito en lo que hacen. Y si se esfuerzan por ser mejores, deben ser impulsados por tu amor incondicional y tu aceptación hacia ellos, no por tu castigo o algún tipo de recompensa. Tú sigues amando a tus hijos aun así no sean buenos en lo que hacen o cometan errores de cualquier tipo. El aceptar el incondicional amor de Dios hará que no busques estima, validación, identidad o satisfacción en cosas externas.

La motivación inicial que nos mueva a hacer obras buenas debería ser por el amor y el agradecimiento, no para obtener un beneficio por ello. Cuando tu Creador decidió darte un propósito desde el vientre de tu madre, ya sabía de antemano los errores que cometerías. No hay error o transgresión que hayas cometido hasta el sol de hoy que haya tomado por sorpresa a

Dios. Tampoco fuiste exitoso en esconderte cuando lo hacías. Dios estuvo allí cuando estabas en el medio de la debilidad, o cuando le fallaste a esa otra persona o a tu familia. La buena noticia es que la gracia divina sigue estando disponible para ti. Aunque el juicio humano se empeñe en señalar tus faltas, el amor no se dará por vencido en cubrirlas. La verdad es que eres amado cuando estás en el pico de una montaña, como cuando yaces en el frío valle de la debilidad. Desde antes de que cometieras cualquier error, Dios te halló digno de ser amado de manera eterna.

Dentro de los doce discípulos Jesús tenía toda clase de hombres con diferentes personalidades, carácter y deficiencias. Ellos no fueron escogidos por ser perfectos, sino que, debido a su imperfección, la gracia divina sería visible a través de ellos. Un Dios perfecto escogiendo a gente rota e imperfecta para hacer avanzar sus planes. Eso no ha cambiado hasta el día de hoy.

Se nota que los parámetros que Dios tiene para escoger a quien quiere usar son totalmente diferentes a los que nosotros podríamos tener. Pero es que Dios escoge corazones, no diplomas colgados en la pared, destreza física o estatus social. La verdad es que, si Dios escogiera solamente a personas perfectas, se quedaría sin nadie para poder usar y hacer avanzar su reino.

Puede que ya hayas leído o escuchado acerca de la negación de Pedro, uno de los discípulos de Jesús. El oficio de Pedro era pescador. Pedro estaba acostumbrado a ser tosco, sin filtros e impulsivo. No era precisamente el modelo de la discreción y la mesura. Un día Jesús le dice que, antes de cantar el gallo, Pedro lo negaría tres veces; no una, sino tres veces. Y de manera precisa así exactamente sucedió. Jesús ya sabía los errores que Pedro cometería y, aun así, no canceló su destino. Este episodio en las Escrituras nos está dando luz de que Dios conoce nuestras faltas antes de que las cometamos. Pero ¿por qué no en ese momento escoger a alguien más para que fuera llamado su discípulo? Es porque Dios continúa mirando el corazón, mientras los seres humanos seguimos juzgando y señalando las faltas. Cuando mires a alguien acusando y señalando los errores de otros, es porque esa persona no se siente perdonada. Jesús se conducía ofreciendo misericordia, a pesar de que tenía todo el derecho de dar juicio.

El destino de Pedro no fue cancelado a pesar de sus errores. En el libro de los Hechos después se describe cómo con la sola sombra de Pedro al pasar los enfermos eran sanados. Jesús ya sabía los errores de Pedro y, aun así, decidió llamarlo y tenerlo cerca. Solamente la gracia le podría llamar «amigo» a alguien como Judas, perdonar la culpa de una mujer sorprendida en adulterio, y no cancelar el destino de alguien que traiciona. Si quieres alinear tu corazón con el de Dios, ofrece gracia y misericordia. Si quieres alejarte de Él, acusa y señala los errores de tu prójimo.

La historia de la negación de Pedro es la historia de la raza humana. Dios sabía que la única manera de darle la opción de salvación a la humanidad era por medio de un plan que tuviera la gracia como ingrediente principal. Pedro conoció de primera mano esta gracia. Te podrías preguntar: Pero ¿por qué no escoger a alguien que no tuviera este tipo de deficiencias de carácter y ahorrarse la traición de uno de los suyos? Y es que Jesús nos quería dejar la lección de que solo Él es capaz de llevar a destino a alguien por encima de su montaña de errores.

Es precisamente el porqué te estoy transmitiendo estas palabras. Ya que sin importar los errores que hayas cometido, tu destino no ha sido cancelado y sigue vigente como el primer día. Ponte a pensar que, eso de lo que todavía no te has podido perdonar, a los ojos de Dios no representa ningún obstáculo para el cumplimiento de tu misión en esta tierra.

Únicamente Dios puede hacer que la gracia se manifieste a través de ti por encima de tu montaña de errores, defectos de carácter y malas decisiones. Ese concepto erróneo de que solo la gente perfecta sigue a Dios está totalmente lejos de la realidad. Absolutamente todos, hayas nacido o no en un ambiente de fe, somos deudores cada día de nuestra vida por la gracia aún disponible para la humanidad.

La palabra de Dios nos da luz acerca de muchos hombres que fueron usados grandemente, pero también de sus errores. Eran hombres imperfectos, sirviendo a un Dios perfecto. El Perfecto Guionista del Universo sabe los errores que cometerás en tu caminar hacia destino y, aun así, decidió escogerte y marcarte con una misión. Por eso de la importancia de perdonarte a ti mismo por los errores cometidos. Cuando te perdonas a ti mismo, es aceptar que Dios ya te perdonó y que no necesitas hacer nada para reafirmar cada día ese perdón y aceptación.

El dar gracia a otros está haciendo que en tu futuro alguien te pague con gracia cuando la necesites. Nadie puede huir del principio de que de la misma manera en que mida, será medido. La gracia que no des para otros en el hoy es la gracia que no obtendrás para ti en el mañana. Así como la gracia, el perdón también es una semilla de la cual obtendrás su cosecha.

El perdón a ti mismo y a otros siempre te llevará a otro nivel en todos los ámbitos. Puede que no hayas hasta ahora pensado que muchas de las cosas que no han llegado a tu vida es precisamente por la falta de perdón. Quién se pudiera imaginar que el cumplimiento de un glorioso destino esté relacionado con dicha controversia del alma. Son esos asuntos internos por resolver los que no permiten que veas tiempos mejores. Pero lo cierto es que naciste y fuiste gestado para caminar por tu propia senda del cumplimiento de un propósito. Eso es precisamente lo que hará que sigas perseverando aun en medio de la nada o cuando las cosas parezcan estar en ruinas.

El perdonar a alguien no quiere decir que la confianza es restablecida. El perdón es una invitación para la otra persona para reconstruir la confianza. Tú puedes perdonar a alguien, sin embargo, el precio para restaurar la confianza y la credibilidad es nada más que por medio de la cuota de tiempo respectiva.

El perdón trata de que tus emociones no estén ligadas a juzgar el comportamiento o la conducta de alguien más. La falta de perdón es estar juzgando constantemente a alguien por su conducta o sus errores. Es querer tomar el papel de Dios y sentirnos con el derecho de adueñarnos del juicio sobre otros. No hemos sido puestos para ofrecer juicio, sino para que la gracia de Dios se extienda por medio de nosotros.

El perdonar te hace caminar sin peso hacia tu destino. Es recordar sin tener el peso emocional de una herida abierta. Tu vida se mueve para bien o para mal en la medida de la condición de tu corazón. Nada hace más que tu vida se decline hacia un estado deplorable que la falta de perdón. Creo que, si estás leyendo este libro, es porque estamos creyendo juntos que tu vida está a punto de cambiar, que estás a punto de ver tiempos mejores, y que tienes la convicción de que en verdad fuiste marcado con un destino glorioso. Entonces el perdón no es una sugerencia, es clave para que tu vida de aquí en adelante se ponga en sintonía con la senda que debes recorrer para avanzar.

Cuando por dentro todavía estamos cargando con la falta de perdón, es como si nos pusieran unos anteojos rotos o distorsionados que hacen que toda nuestra vida y las relaciones las veamos a través del dolor de la herida. Una herida sin sanar puede hacer que tengamos una percepción totalmente diferente de la realidad.

Somos el producto de nuestras creencias y convicciones. Nadie se puede comportar diferente a lo que cree internamente. Y el estar aún sin perdonar hace que nuestro sistema de creencias esté moldeado por una determinada experiencia dolorosa. El sistema de creencias es como si fuera el piloto automático de un avión. Se programa para llegar a un destino. Pero si dicho sistema tiene una falla en su programación, corre el peligro de que la aeronave sea llevada totalmente lejos de su destino original. Es como si fuera el sistema operativo de una computadora con un virus que constantemente está interfiriendo y deteniendo su funcionamiento. Dios ya cumplió en perdonarnos a nosotros; sin embargo, el perdonar al prójimo es la parte que nos corresponde a cada uno.

Tú tienes un destino demasiado grande para que permitas que ofensas pasadas afecten tu presente e hipotequen tu futuro. Al final del día, el regalo del perdón siempre te lo otorgarás a ti mismo porque hará que viajes liviano. Creo que tú no te entrenarías al máximo para correr una maratón, y ese día de la carrera salieras a correr con botas, un abrigo para la nieve y peso en tus bolsillos. Considero que tratarías en la manera de lo posible de correr liviano, te prepararías al máximo y harías lo posible por que nada afecte tu rendimiento. La falta de perdón es un peso que puedes quitar de ti en el momento que decidas hacerlo.

El mejor regalo que les puedas dar a otros, a tus hijos y a tu familia, es que tú seas feliz. Siempre llevamos a todo lugar lo que somos y afectamos todo ambiente con lo que llevamos dentro. Se requiere una sola persona negativa en un sitio para afectar a todos a su alrededor. Y es que cuando te encuentras aún sin perdonar tiendes a tener actitudes donde todos se dan cuenta, menos tú. Todos se dan cuenta de una mala actitud, menos la persona. Cuando veas a una persona con un semblante sombrío, triste o enojado, siempre tendrá que ver con el mundo interior de esa persona. El estado de un corazón siempre será visible en el semblante de un rostro.

Me es necesario ser repetitivo en este tema del perdón porque es absolutamente necesario en tu vida y en la de todos. Nadie está exento de lidiar con la materia del perdón en algún punto de su existencia. Y al igual que el amor, también el perdón es una decisión. Es una decisión que nadie puede tomar por nosotros. El perdón siempre significará avance en tu vida.

Recuerda que nadie tiene la vida comprada. Hoy estamos y mañana no. Los que pensamos que siempre vivirían, ahora ya no están. Muchos no lograron decir ese último «Te quiero» o «Te perdono» o dar ese abrazo rescatador que erróneamente dejaron para más tarde.

Es ahora o nunca. Empieza elevando una oración al cielo por esa persona o esas personas que te lastimaron. No sabes el tipo de heridas con las que otros están cargando y por eso solo pueden dar lo que tienen para dar. Tú tampoco eres culpable por esa injusticia que se cometió o por esos errores donde saliste afectado o afectada. Nadie te dañó porque te lo merecías o se suponía que era con lo que tenías que lidiar. Si Dios permitió determinada situación en tu vida, es porque sabía que lo iba a utilizar para tu bien.

Dios ya te perdonó, pero la decisión de perdonarte a ti mismo y a otros la tomas tú. Hay cosas que solamente tú puedes hacer por ti mismo. Tú eres más grande que tus heridas, eres más grande que la subestimación, eres más grande que cualquier injusticia en tu pasado. Esas controversias del alma no son permanentes, son temporales. No vinieron a quedarse en ti, vinieron para que puedan ser superadas al paso de una decisión.

Ya no retengas el veneno en ti por los errores de otros o por tus propios errores. Mucho en la vida se trata de aprender a soltar. Cuando sueltas o entregas algo significa que ya no lo posees. ¿En verdad quieres ya no seguir encadenado a esa persona o a esas personas? Entonces déjalos libres dentro de ti. Lo nuevo no viene sin soltar lo viejo.

Lo cierto es que estás en camino de un nuevo tiempo, un tiempo de abundancia, de oportunidades inesperadas, nuevas puertas abiertas, conexiones divinas y victorias venideras. Las bendiciones más grandes de tu vida siempre se encuentran del otro lado del perdón. Si una persona de tu pasado no está en tu presente, es porque no pertenece a tu futuro. Perdona, bendice y sigue tu camino. Es tiempo de soltar y dejar ir. Mereces viajar liviano hacia destino y ver lo que Dios tiene preparado para ti del otro lado del perdón. Empiezas un nuevo tiempo.

CAPÍTULO 8

La tierra intermedia

«No es el tiempo para rendirte. Recuerda que estás rindiendo un examen».

Estás siendo guiado en medio de la incertidumbre. Hay una materia de vida que de alguna manera u otra es una constante en tu vida y en la mía; y es la materia de la paciencia en la tierra intermedia. La tierra intermedia tipifica ese lugar donde toca ser paciente y esperar mientras se continúa caminando hacia destino. Son esas temporadas donde no sientes que algo significativo está pasando en tu vida y solo ves dunas de desierto frente a ti. Lo cierto es que esta temporada de estar en el medio de la incertidumbre es demasiado importante para forjar tu interior. Las lecciones más valiosas de toda tu vida las aprendes en esta etapa de transitar sobre la arena, sobre la crisis de la escasez, y en el desierto de las soledades.

Puede que estés familiarizado con la historia del pueblo de Israel y su paso por el desierto. El pueblo hebreo fue un pueblo que fue esclavo en el antiguo Egipto por un periodo de más de cuatrocientos años. Egipto era el imperio más poderoso del mundo conocido hasta ese entonces. Después de cuatrocientos años de esclavitud, Dios conduce a su pueblo a la libertad por medio de un hombre llamado Moisés. Con la guía de Moisés fueron conducidos en medio de milagros y prodigios por un desierto por cuarenta años con la promesa de llegar a una Tierra Prometida.

En medio de este desierto, el pueblo de Israel se quejó, fue idólatra, murmuraron contra los que precisamente estaban siendo usados para que fueran liberados y dudaron del Dios que los había liberado entre señales y prodigios. Esta queja, murmuración e idolatría le trajeron muchas duras experiencias al pueblo hebreo en esta etapa. Al grado que, según los estudiosos de la historia de la cultura hebrea, afirman que el trayecto por el desierto les hubiese tomado aproximadamente once días. Sin embargo, se mantuvieron dando vueltas en el desierto. En totalidad el pasar por el desierto les tomó a los hebreos cuarenta años. Y hasta muchos de ellos no alcanzaron a entrar a la tierra de la prosperidad.

Esta es una gran lección para todos acerca de estos momentos de incertidumbre. Puedes escoger estar en el desierto quejándote o agradeciendo de antemano por la prosperidad. La queja siempre alargará tu desierto, y ningún desierto puede mantener sobre la arena mucho tiempo a un caminante agradecido.

Puede que hayas recibido en algún punto de tu vida una promesa que aún no llega y te encuentras en medio de la espera. La tierra intermedia puede significar para ti una crisis en tus emociones, las finanzas que nunca despegan, ese negocio que pareciera nunca prosperar, la sala de espera de un hospital, ese matrimonio en ruinas, constantes episodios de depresión, ese sentimiento de estima baja dentro de ti, etcétera. No sé qué representa tu tierra intermedia. No sé qué es esa situación en la que ya no puedes ver más allá de las circunstancias y donde ya tus fuerzas se han agotado para seguir adelante.

Quiero contarte que esta materia de la espera es una materia que nadie puede evitar en su vida. Toda persona que haya emprendido su camino hacia destino es algo que le ha tocado atravesar más de una vez. Todo lo que sea logrado a través de la fe, no puede lograrse si no es a través de la espera y la constancia. No eres la única persona en medio de la incertidumbre, no eres el único esperando el cumplimiento de una promesa. Tengo la firme convicción de que tú eres de los que no se rendirán en esta etapa por dura que esta sea.

A Dios no le importa tanto que llegues a un lugar, sino cómo llegues allí. El desierto es tan importante por lo que forja en ti, que no lo podrías aprender en ningún otro sitio. En el desierto es cuando haces los compromisos más grandes de toda tu vida.

Dios sigue estando en su trono independientemente de tus circunstancias. Él tiene la potestad de permitir en el desierto la cantidad de calor necesario para que cada uno sea transformado.

Los desiertos también son una herramienta de transformación.

En las Escrituras los números son importantes. Y el número cuarenta significa transformación. Fueron cuarenta años del pueblo de Israel en el desierto, cuarenta días de Jesús en el desierto en ayuno antes de su servicio, y cuarenta días con sus noches de diluvio en la época de Noé. Cuando Dios quiere hacer algo nuevo con alguien primero lo transforma. La transformación no es física, la transformación es en tu interior y en tu forma de pensar.

¿Sabías que hay un tipo de mosca no viven más de cuarenta días? La clase de mosca conocida como «Mosca de la fruta o del Mediterráneo» ya tiene activado un lapso de vida que no pasará de cuarenta días. En la cultura judía, para referirse al mal o algo malévolo, se utiliza un término al que llaman «El señor de las moscas». Y es que, así como el lapso de vida de este tipo mosca en particular, un pensamiento proveniente del mal puesto en tu interior por más de cuarenta días empieza a transformarte. La batalla es por tu mente. Si un pensamiento como una larva de mosca puede entrar en ti, es cuestión de tiempo que tu curso de pensamiento, emociones y acciones empiece a moldear tu carácter y distorsionar tu identidad. Entonces es sumamente importante que te mantengas en fe en estos momentos donde no puedes ver ni de lejos una prosperidad venidera.

Tu actitud en el desierto será lo que hará que este se acorte. En estos momentos de desierto siempre te encontrarás entre la decisión de quejarte o agradecer. No hay sentimiento de tristeza, aflicción o desesperanza que no desaparezca cuando empiezas a agradecer. Y te podrías preguntar: Pero ¿cómo voy a agradecer si solo veo el caos y estoy siendo testigo de cómo mi vida se viene abajo? Y es que no estás viendo las bendiciones con las que cuentas; que sin miedo a equivocarme son más que de lo que te puedes quejar. Hay miles de personas al otro lado del mundo que cambiarían su vida por la nuestra en un instante. Todos tenemos más por lo que agradecer que por lo que nos podemos quejar.

Dios conoce lo que ha puesto en ti y sabe que tienes lo que hace falta para resistir. No has sido puesto en algo que te pueda vencer, o al pie de una montaña que no puedas escalar. Tu desierto no lo sorprende a Dios. Él sabe que tendrás una recompensa al pasar la materia de no rendirte. Y es que el rendirte en esta etapa no es una opción con la que cuentas. Dios no te ha traído hasta aquí para hacerte a un costado y abortar su plan para contigo. Es más, una de las señales de que hay un destino de bien para contigo es precisamente que te encuentras transitando un desierto.

¿Quieres saber el propósito real de esta etapa? ¿Quieres saber por qué continúa este proceso donde te has preguntado hasta cuándo vas a continuar en esta situación? La respuesta es la siguiente y está en *Deuteronomio 8:2*, donde dice acerca del plan de Dios de llevar a su pueblo por el desierto. Así dice:

«Y te acordarás de todo el camino por donde te ha traído Jehová tu Dios estos cuarenta años en el desierto, para afligirte, para probarte, para saber lo que había en tu corazón, si habías de guardar o no sus mandamientos».

Este texto te está revelando algo importante de la crisis. Y es que primeramente por medio del desierto tu corazón está siendo probado y es lo que hará que te comprometas a cumplir la guía que Dios te da para el cumplimiento de tu destino. En realidad, lo que el desierto está haciendo es revelando lo que hay en ti y preparándote para cumplir tu propósito.

A pesar de que no sientas divertido estar pasando un examen, es tu realidad y la de todos. De una manera u otra, todos estamos cursando un examen de fidelidad y mayordomía. El desierto tiene el propósito de traer a la luz lo que hay en ti, y que te comprometas en poner a tu Creador por sobre todas las cosas. Antes de los desiertos es fácil tener prioridades equivocadas. Pero no hay nada que ordene más tus prioridades que el paso por la tierra intermedia.

Tradicionalmente, celebramos la crucifixión y muerte de Jesús en un Viernes Santo. Y es en Domingo de Pascua donde se celebra su resurrección. Durante los tres años con sus discípulos, Jesús fue constante en decirles de que habría de morir para luego resucitar. Jesús sabía que había etapas inevitables antes de consumar su misión. Pero ¿qué paso en el sábado en medio de la tragedia del viernes y la resurrección del domingo? ¿Te digo que pasó? No pasó nada. Fue un día entero de esperar y no ver nada. Imagino a los discípulos tristes, cabizbajos, y muchos de ellos desanimados en ese sábado de la espera. Ayer habían sido testigos de una tragedia, tenían una promesa de resurrección; sin embargo, allí estaban en el día del medio. ¿Te has sentido alguna vez así? ¿Qué haces en esta espera del día de por medio donde no ves nada? Y es que también aquí te tocará seguir confiando.

Si algo vale la pena, tendrá que ser obtenido por medio de la constancia en esta etapa de la incertidumbre. Nadie que haya logrado algo puede hacerlo evitándose la materia de seguir creyendo en la tierra donde no parece fértil. Sucede que queremos buscar flores en el desierto, pero lo que el desierto hace es que algo crezca dentro de nosotros, no en el exterior.

El paso por este tiempo es la oportunidad que tu Creador te está dando para que te comprometas con tu llamado. Son en estos momentos donde se forja la base de tu carácter para lo que viene. ¿Podría el Señor tu Dios confiar en ti? No hablo de mantenerte impoluto, ni perfecto; hablo de que si se puede confiar en ti en que seguirás las instrucciones divinas para la persecución de tu destino y para que la agenda de Dios avance aquí en la tierra. Si tus prioridades todavía no están ordenadas es porque te falta desierto por recorrer.

El desierto ha venido a hacerte bien. Todas las cosas te ayudan a bien. Nada ha venido a detenerte, sino a darte una oportunidad de entrenamiento y crecimiento. Dios te ama demasiado para dejarte como estás. Eres demasiado valioso como para que tu vida sea desperdiciada sin un propósito. Y esta etapa es el más grande de tus entrenamientos de vida. Has sido elegido para las grandes ligas. Y por ende, tu entrenamiento debe ser acorde a ese llamado. Si tu desierto ha sido largo y extenso, es porque así es el tamaño de tu destino.

Te encuentras en el mayor campo de entrenamiento de toda tu vida. Solamente Dios sabe por cuál camino llevar a sus hijos para transformarlos. Él tiene el control del termostato que regula el calor que necesitas en esta etapa para tu transformación. Tú no permitirías que tu vecino te dijera cómo criar a tus hijos. Porque eres tú solamente el que conoce el carácter de cada uno y la manera en que piensan. De la misma manera, el trato de Dios contigo es personal. Estás siendo entrenado en lo que necesitas para lo que viene.

El nivel de espera, perseverancia y constancia no es el mismo para todos. Dios trata contigo según tu estructura emocional. Puede ser que el estar en la tierra intermedia para ti simbolice el haber tenido un fracaso matrimonial, o estar endeudado por mucho tiempo, una soltería que se extiende a través de los años, problemas maritales o la larga travesía en la sala de espera de un milagro. Cada uno tiene su tiempo de espera en su desierto personal y privado. El Perfecto Guionista del Universo ya determinó el tiempo en que te encontrarás en esta etapa. Nadie desempaca sus maletas en una estación de tren cuando sabe que se dirige hacia otro lugar. No vas a morir en el desierto, estás nada más de tránsito. Tú no perteneces al desierto, es nada más una etapa que pasará de acorde al tiempo divino.

Sé que ha habido muchas ocasiones donde te has querido dar por vencido. No hay nadie que no haya querido tirar la toalla debido a lo abrumante de la prueba. No eres el único. Los caminantes de desiertos todos somos sobrevivientes; y hemos tenido etapas donde hemos querido darnos por vencidos. Pero cuando sabes que fuiste gestado en el vientre de tu madre y se te fue revelado que hay un plan activo sobre tu vida, el darse por vencido no es una opción.

No es el tiempo para rendirte. Recuerda que estás rindiendo un examen. Si perseveras, no te das por vencido y te mantienes con agradecimiento, pasas la prueba. Si murmuras, te quejas y bajas los brazos, extiendes el tiempo de desierto. Puedes quejarte y darlo todo por perdido, pero solamente tú eres el que está experimentando la soledad de esta etapa. Y es que una de las características de los desiertos es que estos permiten solamente caminantes en solitario.

¿Te has sentido alguna vez solo o sola mientras pasas una prueba, aunque haya personas alrededor de ti? Y es que puedes estar rodeado de una multitud y seguir sintiéndote solo. La soledad no se trata de cuántas personas puedas tener a tu alrededor, sino la incapacidad de que alguien pueda llegar a tocar tu alma. Hay personas que se pueden sentir completamente solos durmiendo con su cónyuge al lado. Es el adolescente que se siente huérfano y en completa soledad cuando sus padres duermen en la habitación de al lado. Es la joven que se empeña en ahogar su soledad con relaciones promiscuas. Es el ejecutivo tratando de ahogar su dolor con largas horas de extenuante trabajo. Es la adolescente tratando de calmar su soledad buscando validación en una red social. La soledad no es algo que se llene con algo externo porque tiene que ver con algo interno. Pero tú no estás solo en esta etapa, tu Creador no te deja porque tiene sus ojos puestos en ti.

Sé que sientes que esta etapa nunca va a acabar, que ha sido tan largo el proceso que a veces estás a punto de dejarte caer. Sin embargo, tú no eres de los que se dan por vencidos. No has llegado hasta aquí por casualidad. El Señor tu Dios no te ha traído hasta aquí para hacerte a un costado y cancelar tu destino. No vas a terminar tus días en esta etapa de la tierra intermedia.

¡No te rindas, no te entregues, no bajes los brazos! Porque, cuando más oscura está la noche, más cerca está el amanecer. Tu justicia brillará como sol del mediodía. Decreto, proclamo y declaro que estás recibiendo cada día nuevas fuerzas en esta etapa de resistir y perseverar. Estás siendo guiado en medio de la incertidumbre.

CAPÍTULO 9

Esto también pasará

Estás a punto de pasar al otro lado de la crisis. Tu desierto ya tiene fecha de expiración. El tiempo en que debes estar en el desierto está por terminar. No te quedarás en la tierra de la incertidumbre. No fuiste minuciosamente formado en el vientre de tu madre para que tu vida termine en medio del trayecto. Si Dios se ha empeñado con tu vida, no te deja; hasta que haya hecho contigo lo que dijo que haría. Él no deja las cosas a medias, ni inconclusas.

Comprendo que esta es una de las etapas más difíciles que te ha tocado atravesar. Nadie conoce a cabalidad tu historia, ni tu paso por el desierto. Puede que alguien quiera venir a criticar tus motivaciones o áreas de tu vida, pero en realidad esa persona no conoce los renglones que conforman tu historia. Es fácil criticar a otros cuando no hemos caminado con ellos por los momentos difíciles. La madurez también tiene que ver con juzgar menos, porque no conocemos por qué ciertas personas se comportan como se comportan. Siempre hay una razón de los comportamientos o actitudes crónicas hacia otras personas o hacia nosotros mismos. Crecemos no cuando logramos metas y alcanzamos nuestros sueños, sino cuando somos más tolerantes y tardos para juzgar la vida de otras personas.

La tolerancia es el respeto que les damos a las ideas, creencias o prácticas de los demás cuando son diferentes o contrarias a las nuestras. La tolerancia puede ser social, racial, sexual, religiosa y de pensamiento. Los seres humanos clasificamos a las personas por estatus social, educación, o éxito financiero; Dios solamente ve almas y corazones escudriñados. El lugar donde naciste o las condiciones que te tocaron al nacer no definen tu valor como persona. Dios pone su tesoro en vasijas, aunque aún se encuentren rotas. Sin embargo, los hombres nos esforzamos por ser clasistas y nos afanamos en practicar la exclusión de personas. El hacer acepción de personas es el fallido intento de los seres humanos por sentirse superiores.

Tu historia, con sus errores y aciertos, es tu historia, y nadie debería juzgarte por ella. Eres quien eres por todo ese cúmulo de experiencias de tu pasado. Todos somos el producto de las experiencias en la niñez, o traumas emocionales que han marcado la manera en que nos comportamos. Cada uno conoce las etapas de su niñez, si fue de alguna manera víctima de algún tipo de rechazo o si el abuso fue parte de esos primeros años. Sin embargo, hasta el sol de hoy te has levantado y has seguido adelante. Son las veces que no te has dado por vencido lo que te define más que cualquier valoración externa de lo que la sociedad quiera poner sobre ti. El hecho de que estés leyendo un libro que trata de la fe y la esperanza demuestra que, a pesar de lo que has tenido que enfrentar, no eres de los que se dan por vencido. Qué privilegio escribirles a las generaciones que nunca se rendirán en creer en la esperanza.

El hecho de que hayas tenido que pasar etapas difíciles no te hace diferente a otros, ni tampoco te convierte en una víctima. Si nada más supieras lo que Dios ha preparado para ti del otro lado del desierto, tendrías una perspectiva diferente durante esta etapa donde te toca resistir.

Lo que hará que te aferres al mástil de tu pequeña embarcación amenazada en naufragar durante la tormenta es tener la convicción de que ya fuiste destinado a llegar a puerto seguro. El Perfecto Guionista del Universo ya tiene escrito todas las etapas de tu vida. No tendría sentido invertir tanto entrenamiento en ti a través de los años para dejarte a la mitad del camino.

Más de alguna vez puede que nosotros como seres humanos emprendamos un proyecto que no alcanzamos a terminar. Pero Dios no es así, Él termina lo que comienza y es fiel hasta la última etapa. Recuerda que es en esta etapa de dificultad en la tierra intermedia donde haces los compromisos más grandes entre tú y tu Dios. Ha sido en esta tierra de la perseverancia donde has hecho las oraciones más sinceras de toda tu vida. Y es que, o era clamarle al Señor tu Dios, o morir en el desierto. ¿Te has encontrado alguna vez diciendo: «Conmigo solo Dios»? Cuando se han agotado todos los recursos, se ha hecho todo lo humanamente posible, se ha puesto todo en el altar del sacrificio y solamente toca seguir confiando.

Recuerda que Dios siempre irá tras tu corazón. Es tu interior lo que Dios quiere transformar y está utilizando esta etapa en la que te encuentras para hacerlo. De tus heridas más profundas nacerá tu más grande mensaje. Siempre hay un propósito en el dolor. ¿Cómo ayudarás a otros a levantarse después de un divorcio si nunca te encontraste en el sepelio de lo que un día fue un matrimonio? ¿Cómo hablarás de las tormentas si no te ha tocado en más de una ocasión ser un piloto de tormentas y ver cómo Dios te ha ayudado a atravesarlas? ¿Cómo podrías tener empatía con el hambriento si nunca pasaste la materia del hambre? Todo lo que te sucede es para encaminarte a que sirvas a otros, y para que tú no seas el centro de tu propia vida.

Por supuesto que Dios quiere bendecirte, pero también quiere hacer de ti una bendición para otros. Pero el compromiso de enfocarte en lo que verdaderamente importa, solo sucede en esta etapa de continua perseverancia.

Estás viendo la fidelidad de Dios como nunca antes. No puedes negar que hasta el sol de hoy, él ha estado contigo y no ha permitido que tu historia termine aquí. Hasta aquí has tenido provisión, nuevas fuerzas y la respectiva dosis de nuevas misericordias cada mañana. Con todo, la vida y sus reveses, no puedes negar que has sido rescatado una y otra vez. En todos los momentos difíciles siempre has sido rescatado. Sin conocer los detalles de tu historia sé que sabes que Dios ha estado contigo. Ha estado contigo en medio de la traición, mientras atravesabas el dolor de la infidelidad, cuando has estado en medio de la escasez o cuando no has tenido más fuerzas para continuar.

Tienes una promesa de que nunca estarás solo. Ya cuentas con la promesa de que la presencia divina siempre estará contigo. Así dice en el libro de Isaías:

«No temas, porque yo estoy contigo; no desmayes, porque yo soy tu Dios que te esfuerzo; siempre te ayudaré, siempre te sustentaré con la diestra de mi justicia». *Isaías 41:10.*

Esta es la mayor promesa: que Dios nunca te deja solo. Menos en esta etapa de resistir en medio del dolor, en medio de la nada, y en medio de incertidumbre.

Puedes ver en la primera parte de este versículo que es un mandato de no tener miedo porque la presencia divina va contigo. ¿Sabías que en la palabra de Dios está 365 veces las palabras: «No temas»? ¡Exacto! Un «No temas» para cada día del año. Tuviste un «No temas» para ayer, tienes uno para hoy y siempre tendrás uno para el mañana.

Entonces lo que hace que el temor sea disipado es el hecho de que el amor se encuentra cerca. Cuando me refiero al amor me refiero a la presencia divina. Las Escrituras no dicen que Dios tiene amor; dice que Dios es amor (Ver *1 Juan 4:8*).

Lo que hizo que el pequeño David se enfrentara con un gigante no fue confiando en sus habilidades, sino en la presencia divina que lo acompañaba. Puedes enfrentar cualquier cosa si sabes que Dios está contigo. En cualquier tormenta tendrás la fortaleza de atravesarla, en cualquier desierto lo podrás resistir y en cualquier prolongada crisis no te faltará la fe para continuar.

Uno de los ejemplos de perseverancia y de continuar a pesar de las contrariedades lo encontramos en el libro de Nehemías. Aquí vemos un hombre, llamado como su libro, Nehemías, con una misión que lo quemaba por dentro. Pero esta requería planeación, mucha valentía, favor con el Rey y una consecuente acción que se trataba de emprender camino para reconstruir los muros de Jerusalén; la tierra de sus padres.

Nehemías en ese entonces era copero del rey Artajerjes. Un copero era un oficial o encargado de alto rango en las cortes reales de la Antigüedad. La tarea del copero en el palacio real era servir las bebidas en la mesa; especialmente la bebida del Rey. Entonces era normal para el rey Artajerjes ver a su copero real en los días comunes. Sin embargo, un día el Rey se fijó que el semblante de Nehemías no era el mismo; se podía notar que algo lo agobiaba. Tanto era la carga que Nehemías tenía por cumplir su misión, que su rostro lo reflejaba. En el corazón de Nehemías estaba hacer una comitiva hasta Jerusalén, para reconstruir los muros y quitar el menosprecio de la ciudad de sus padres.

En ese entonces, que una ciudad tuviera sus murallas derribadas y sus puertas quemadas era sinónimo de deshonra. Pero había alguien dispuesto a hacer el trabajo de reconstrucción. Había alguien que había decidido pagar el precio. Y es que no hay nada que valga la pena que no tenga un precio por pagar.

Entonces, después de mucha oración, planeación y determinación, Nehemías decide pedirle al Rey permiso para ausentarse de su puesto como copero. Era algo muy osado de hacer para un sirviente del palacio. Era que el Rey mirara con buenos ojos su petición o que su cabeza rodara por la arena por su atrevimiento. Sin embargo, Nehemías estaba dispuesto hacer lo que fuera para cumplir lo que lo quemaba por dentro. Como parte de la petición, Nehemías también le pide cartas al Rey para tener el paso entre fronteras sin problemas y el material necesario para hacer la reconstrucción. Vaya que se necesitaba valentía de parte de Nehemías para atreverse a hacer dicha petición. No era usual pedir cosas de tal índole al Rey. Pero la petición noble en el corazón de Nehemías por sacar del oprobio a la tierra de sus padres reconstruyendo los muros tenía el respaldo divino.

El favor estaba con Nehemías. El rey Artajerjes accedió a brindarle lo que necesitaba y él se dispuso a emprender. Las Escrituras describen que cuando Nehemías estaba en medio del trabajo de reconstrucción, hubo enemigos que se burlaban de los constructores y de Nehemías como su líder. Trataban por todo medio posible de detener el trabajo de reconstrucción de los muros. Les mandaban mensajes para que fueran presas del miedo, se mofaban y hasta sobornaban a personas para que les mintieran para que cesaran de trabajar y construir.

Nehemías fue un gran ejemplo de liderazgo. Porque no se dio por vencido a pesar de la oposición humana. El resultado fue que Nehemías hizo caso omiso a las burlas de sus detractores y se enfocó en la misión que tenía por delante y que había determinado culminar. La victoria fue que, en tiempo récord de cincuenta y dos días, la misión fue culminada y los muros reconstruidos.

Hay muchos principios de liderazgo en el ejemplo de Nehemías. Principios de oración, planeación, favor divino, enfoque y no moverse del mandato divino independientemente de las circunstancias o de quien se levante en contra. Un líder enfocado en su misión es lo que hará que la visión sea respaldada, apoyada y llevada a buen término.

La vida de todos y cada uno de nosotros está en un trabajo de reconstrucción. El trabajo que Nehemías hizo por reconstruir los muros es lo que Dios hace en la vida de sus hijos. A nuestro Creador no le tomó por sorpresa que por las circunstancias de la vida te encontrarías roto y que tendría que haber un trabajo de reconstrucción en ti. Dios te ama demasiado como para dejarte como estás.

Estas líneas solo son para los que sabemos reconocer que necesitamos reconstrucción de parte de nuestro Creador en diferentes áreas de nuestra vida. Solamente si alguien acepta la necesidad de Dios, es cuando el poder divino empieza a actuar. Creo sin lugar a dudas en que si has leído hasta aquí, estás siendo sensible a ese trabajo de reconstrucción en ti.

Es importante saber que las cosas que merecen la pena siempre tomarán tiempo y un precio por pagar. Y uno de los precios por pagar muchas veces es la oposición. También el tiempo de ser constante, el tiempo de mantenerte en fe y el tiempo de ser fiel aunque las circunstancias sean contrarias. Todo es parte de un precio. Dios puede llevar tu vida y la mía por el elevador, pero él prefiere las escaleras. Somos llevados por etapas de crecimiento, madurez y pruebas de mayordomía.

Me gustaría decirte que cuando te diriges hacia destino tendrás el aplauso y el apoyo de todo el mundo. Pero en la realidad tal vez te esté tocando vivir lo contrario. Puede que hayas recibido burlas, amenazas y contrariedades de parte de aquellos que no conocen el trabajo de Dios en ti y por eso quieren detener lo que no entienden. El ser incomprendido por personas también es parte del trayecto.

Es parte del precio en que muchas veces te sientas solo y sin apoyo. Jesús siendo Dios tuvo que atravesar esta etapa de burla y desdén cuando estaba en su misión de reconstruir la relación entre la humanidad y su Creador.

En ninguna manera te deseo que tengas esta afrenta de la oposición; sin embargo, que no te sorprenda si sucede. Los enemigos en contra también son parte del trayecto. Tanto los que te apoyan como los que están en tu contra son parte de tu camino hacia la Tierra Prometida. Hay personas asignadas para apoyarte, como hay personas asignadas para estar en tu contra. Sin embargo, la combinación de ambas experiencias es lo que finalmente te llevará hacia destino. No te enfoques nada más en la parte de la oposición porque hay mucho más actuando alrededor de ello para que puedas cumplir tu misión. Tanto un Juan acostado sobre el pecho de Jesús como un Judas planeando cómo entregarlo era lo que fue asignado al Hijo de Dios para que cumpliera su destino. Por favor, no olvides lo siguiente:

Tanto lo bueno como lo malo que pasa en tu vida está contribuyendo para dirigirte hacia destino.

En el libro del Génesis leemos acerca de José el Soñador. José tuvo que pasar toda clase de tragedias antes de llegar a la posición que Dios había preparado para él. Sin embargo, José supo mantener su corazón recto en medio de la envidia de sus propios hermanos y toda clase de injusticias. No hay tal cosa de que si te sucede algo bueno entonces estás avanzando y si te sucede algo malo te estás retrasando en tu camino. Cuando Dios marca a alguien con un destino, tanto lo bueno como lo erróneamente llamas «malo», contribuye a que llegues al lugar donde debes estar. Entonces, ¿puedes ver con diferente luz esta etapa intermedia? ¡Exacto! Este desierto extendido no te está retrasando; simplemente es parte de los ingredientes asignados para que cumplas tu misión.

Tú ya tienes lo que hace falta para terminar tu carrera. Escoge las batallas que vas a pelear. No todas las batallas requieren tu atención. Las únicas batallas que valen la pena pelear son las que se interponen entre tú y tu destino. Las demás batallas son distracciones. Escucha la voz de tu corazón porque es allí donde Dios habla, a través de tu conciencia. Así puedes saber si te encuentras en el camino correcto, o si estás dando vueltas en el desierto.

Los cambios que Dios hace son en tu interior. Esa reconstrucción interna es casi imperceptible. Recuerda que es tu corazón lo que Dios busca transformar. Puede que tome tiempo pero cada día y en cada etapa estás siendo cambiado por dentro. Si has sido juzgado y señalado por algunas personas es porque no conocen el trabajo que Dios está haciendo en ti. Todo aquel que no logra ver sus errores se enfocará en señalar el de los demás. Y cuando alguien tiene tiempo en estar pendiente y criticar la vida de otros es porque no tiene la menor idea para lo que nació. El vivir tu propia vida y caminar hacia tu propio destino hará que no tengas tiempo para la crítica dirigida a otras personas.

Parte de tu entrenamiento en esta etapa de desierto se trata de hacerte más fuerte ante las críticas y los ataques injustos. Aprende a ignorar las críticas de aquellos que no han caminado ningún un tramo de desierto contigo. Si alguien critica tu Tierra Prometida, ten por seguro que no sabe de tu paso por el desierto. Nadie sabe de los años que te tuviste que mantener fiel, los años que te tocó vivir en la tierra de la infertilidad, o los años en que perseveraste en los pequeños comienzos. Los celos por un éxito siempre hacen la vista gorda al precio que dicha persona tuvo que pagar. No se trata de llegar a un lugar, sino la perseverancia y el no darse por vencido lo que al final cuenta.

Tú no eres de los que se dan por vencido. El tirar la toalla no es una opción con la que cuentas. Y si estás experimentando cualquier clase de oposición, recuerda que tiene que ver con el propósito de parar el trabajo de reconstrucción en ti.

Ya tienes la gracia para terminar tu carrera y culminar tu misión. Así como Nehemías tuvo favor desde que le hizo la petición al rey Artajerjes, hasta el tiempo récord que culminó su misión. El mismo favor está contigo. Pero el precio por pagar es no darte por vencido en esta etapa de transitar en el medio hacia el cumplimiento de la promesa.

No temas en la etapa de la oposición porque te es necesario para forjar lo verdaderamente importante en ti. No te entregues al desánimo por los comentarios de los que no conocen hacia dónde te diriges. Te toca ser sensible hacia donde Dios te está guiando y perseverar sin mirar los lados en el camino hacia tu propósito.

No podrás agradar a todo el mundo. Muchos te amarán y otros te odiarán. Tendrás que reconciliarte con esa idea. Habrá personas que nunca podrán ver lo bueno en ti porque se les dificulta ver lo bueno en ellos. Sin embargo, a pesar de la oposición, al Perfecto Guionista del Universo le ha placido llevarte por la historia que ya escribió para ti y ser fiel en llevarte en cada etapa.

Esto también pasará. Esta etapa de espera intermedia también pasará. La subestimación y la burla también pasarán. La escasez también pasará. Este momento de intenso dolor también pasará. Toda esta etapa sin lógica y sin explicación también pasará. Estás a punto de pasar al otro lado de la crisis.

CAPÍTULO 10

Tu segundo aliento

«Las nuevas fuerzas ya fueron enviadas sobre ti y vienen en camino».

Ya tienes el poder para resistir y ponerte de pie. No es tan importante cuántas veces te caigas, sino las veces que vuelves a ponerte sobre tus pies y continúes caminando. Las caídas son inevitables, pero quedarse en el suelo después de una caída es opcional. Nada ha venido a detenerte, sino a darte el acceso al próximo nivel. Dios te está llevando por el camino de tu destino; sin embargo, él no se esfuerza por ti. Es cierto que recibes nuevas fuerzas de lo alto, pero eres tú quien decide volver a levantarse.

El estado en el que te encuentras es temporal. Dios ha puesto en ti la capacidad de rebotar. Si algo te tumba tienes la capacidad de ponerte en pie nuevamente. Ya cuentas con el poder para ponerte de pie después de cada caída. Todo lo que necesitas ya fue puesto en ti.

En las Escrituras Dios compara a sus hijos con las palmeras. Dice en el *Salmo 92:12a*:

«Los justos florecerán como las palmeras».

Las palmeras son las únicas capaces de doblarse hasta tocar el piso en medio de una fuerte tormenta o ante un huracán; para luego volver a erguirse pasados los fuertes vientos. Los biólogos descubrieron que las palmeras, al ser expuestas al estrés de una tormenta, en su sistema radicular, se libera un componente que las hace crecer y hacerse más fuertes. Exactamente eso es lo que está pasando en tu vida. Esta crisis no vino para destruirte, sino vino para promoverte. Dios no envía las tormentas, pero las utilizas para tu bien. Él no envía el dolor, pero lo permite para calibrar tu corazón con el suyo.

El aire se vuelve más escaso cuando estás llegando al pico de la montaña; y los caminos pedregosos de los costados son parte del trayecto. Aunque no sepas cuánto camino te resta, puede ser que te encuentres más cerca de lo que crees. En ocasiones nos damos por vencidos justo antes de llegar a la meta. Y es que nadie recuerda a los que se dan por vencidos y deciden abandonar. No hay victoria en los «casi»; por mucho que nos empeñemos disfrazarlos de triunfo. Esos son los famosos: «Casi me graduo», «Casi emprendo ese negocio», «Casi tomo ese riesgo y voy por mis sueños», "«Casi hago esa llamada y pido esa oportunidad». Los «casi» fueron oportunidades que nunca fueron tomadas por rendirse antes de llegar. No pienses que el tren de la oportunidad llegará muchas veces a tu vida hasta que decidas tomarlo. Solo los que llegan merecen ser recordados.

Jesús estando en la cruz dijo: «Consumado es»; queriendo decir que había terminado su carrera y su misión. Lo que el Padre le había encomendado se había cumplido y millones se salvarían por haber terminado su asignación divina. Dios sabe que el hecho de que tú llegues a destino representa que miles sean bendecidos a tu paso. Dios siempre utilizará el dolor causado de las heridas de tu pasado para traer sanidad y bendición a otros. Eres indudablemente amado por tu Padre Celestial, pero él también piensa en todos aquellos que con tu bendición serán también bendecidos.

Dios te dará la gracia para continuar. Cuando tus fuerzas estén agotadas, es cuando vendrán las de Dios sobre ti.

Hay un efecto que se da en los atletas de alta competición cuando practican carreras de fondo; se le conoce como el «segundo aliento». Y esto no es más que fuerzas repentinas seguidas al efecto «punto muerto» en el atleta. El «punto muerto» es cuando el atleta siente que no puede más, tiene una sensación de ahogo y las piernas ya no le responden; y esto puede pasar en cualquier tramo de la carrera. Y casi en el punto de desmayo es cuando viene ese segundo efecto del «segundo aliento», que hace que termine la carrera y pueda llegar a destino.

Hoy te digo que vienen nuevas fuerzas a tu vida que te llevarán más lejos de lo que tus propias fuerzas podrían hacerlo. Solo continúa corriendo tu carrera; solo sigue dirigiéndote hacia destino. Porque cuando menos lo esperes, en cualquier punto de la carrera vendrán las fuerzas de Dios sobre ti. Él te da la gracia para perseverar en cada momento difícil. Lee lo que te dice la palabra de Dios en *Isaías 40:29*:

«Él da esfuerzo al cansado, y multiplica las fuerzas al que no tiene ningunas».

Si te fijas en este pasaje, dice que él le da fuerzas al que esta «cansado» y dice que «multiplica las fuerzas» al que no tiene. Lo que las Escrituras te están diciendo es que si estás en la categoría de personas que no tienen más fuerza, es porque estás a punto de que te sean multiplicadas. Son esas nuevas fuerzas que vienen cuando no puedes más y estás a punto de estrellarte contra el piso. ¿Te has sentido alguna vez de esa manera que ya tu ánimo, tu voluntad y todo tu ser ya no responden ante lo fuerte de la prueba y solamente quieres dejarte caer? ¿Te has sentido alguna vez el querer dormir y no despertar más por lo fuerte de la realidad que estás enfrentando? No eres el único, no eres la única. Esto nos sucede a todos en varias etapas de la vida. Estos puntos de quiebre personales son necesarios para crecer, madurar y ordenar prioridades.

Todo éxito está pavimentado por una serie de fracasos en el medio y por la tentación de abandonar en más de una ocasión. Pero ese éxito que se ve de manera pública ha sido el producto de no darse por vencido por los fracasos de la etapa media. Piensa en alguien a quien admires o quisieras lograr su grado de éxito. Pues esa persona fue alguien que para llegar adonde está, tuvo que pasar en muchas ocasiones estos «puntos muertos» donde hizo la decisión de no rendirse. Ningún éxito fue pavimentado sobre una carretera perfecta. Todos fueron hechos por las decisiones de continuar cuando ya no habían fuerzas. Que las luces y el glamur de un éxito no te haga olvidar sobre las lágrimas que dicho éxito fue construido. Las personas exitosas hacen cosas que las personas sin éxito no quieren hacer.

Continúa confiando en todo momento. Es fácil confiar en Dios cuando todo está bien; sin embargo, ¿por qué no seguir confiando en los momentos bajos, en los momentos de tristeza, en los momentos donde las cosas no salen como esperas? Son en estos momentos donde tu fe es puesta a prueba. La fe es puesta a prueba en los valles, no en los picos de montaña. Esa decepción, esa crisis, ese problema solo significa que estás más cerca de tu destino.

Que no te sorprendan las pruebas que vienen. Las pruebas, las crisis, las tormentas y los momentos de decepción son parte de la vida. No nos debería sorprender cuando atravesamos estos momentos que no hacen otra cosa que estirar nuestra fe. La palabra de Dios nos dice que no nos sorprendamos cuando el fuego de la prueba venga. (Ver *1 Pedro 4:12*) Y es que son esos momentos donde sale a la luz en qué o en quién está puesta nuestra confianza. Poner tu confianza en algo o alguien es estar convencido de que eso es lo que determinará el resultado de lo que sea que estés atravesando. Si nada más pones tu confianza en algo fuera de tu Creador, lo más seguro es que te decepciones. No importan las conexiones que tengas, la influencia que tengas, la preparación que tengas o lo capaz que te sientas. Se trata de confiar en Dios en todas las etapas. Tanto en los momentos de escasez como en los momentos de abundancia. Cuando todo sale bien, como cuando las cosas no salen como esperas.

Hay dos tipos de fe: la fe que libera y la fe que sostiene. La fe que libera es cuando crees y tienes la convicción en un momento de que el milagro va a ocurrir, y así sucede. Pero la fe difícil de sobrellevar es la fe que sostiene. Es este tipo de fe donde te toca confiar por largos periodos de tiempo en una crisis. La vida sería fácil si siempre tuviéramos el tipo de fe instantánea donde los milagros ocurrieran al desearlo. Sin embargo, es la fe que sostiene la que en verdad te está haciendo aprobar la valiosa materia de la confianza. Y es que una buena parte de la vida se trata de confiar cuando no ves nada. Son estos momentos de crisis en donde te toca confiar en que Dios sigue estando en su trono a pesar de las circunstancias.

Dios no envía el dolor, pero lo utiliza como instrumento para producir cambio en ti. Toda herida que hayas tenido será usada para que te conviertas en un sanador en la vida de otros. De las heridas más profundas nace tu mayor servicio a otros. Todo es utilizado para tu bien y para el bien de otros. Nada te está forjando más que el seguir confiando en esta etapa donde cuesta continuar.

Antes de los nuevos comienzos siempre hay momentos de oscuridad. Todo lo nuevo primero se forma en la tierra de la invisibilidad. Dios permite esos momentos de oscuridad como parte de un ciclo. Los nueve meses de un bebé en gestación antes de empezar la nueva parte de su ciclo de vida, doce horas de noche seguidas de doce horas de día, cuarenta años de un Moisés en el patio trasero de un desierto antes de convertirse en un libertador, los ojos velados de un Saulo de Tarso antes de convertirse en el gran Pablo, treinta años de Jesús en una carpintería antes de empezar de manera pública su servicio a la humanidad, una pandemia global antes de un nuevo comienzo. Si ves un poco hacia atrás te darás cuenta de que, antes de tus nuevas etapas de bendición, siempre hubo estos momentos de oscuridad y de inmovilidad. Estás dentro de los ciclos divinos porque eres parte de un plan.

La vida de todo ser humano y la creación entera está encerrada en el ciclo divino. Estás en el divino plan maestro para encaminarte hacia tu propósito. Por eso todas tus etapas de aparente oscuridad, lo único que significan es que viene un nuevo comienzo, una nueva oportunidad, viene el tiempo del cumplimiento de la promesa. Si te resistes a estas etapas de aparente inmovilidad, también te estás resistiendo a las etapas de avance. Reconcíliate con los momentos bajos, porque tienen que suceder antes los momentos altos.

Prepárate mientras esperas. Este es un tiempo de preparación como ningún otro. Nadie espera prepararse hasta llegar a un lugar. El sentido común nos dice que la preparación debe ser antes de llegar. El tiempo de la espera es un tiempo de preparación, de pulir tus dones y de sembrar en otros de manera constante. El nuevo nivel sucede cuando la preparación y la oportunidad se encuentran.

El tiempo de pulir tus dones es hoy. El tiempo de seguir confiando es hoy. El tiempo de ensanchar tus expectativas es hoy. Fuiste escogido por tu Creador con tus dones y con partes aún rotas.

La etapa de lidiar con tus partes rotas dentro de ti es parte del camino. No preparas y trabajas en tus dones hasta que tu vida sea perfecta o cuando algo empieza a suceder; te empiezas a preparar en medio de la nada, cuando no puedes ver adelante por lo fuerte del calor de la prueba.

Las nuevas fuerzas ya fueron enviadas sobre ti y vienen en camino. El único requisito para que venga este nuevo ímpetu de fortaleza sobre tu vida es que no te des por vencido. Las nuevas fuerzas no le llegan a nadie después de haber abandonado, sino cuando aún sigue corriendo la carrera con pocas fuerzas. Porque es en ese «punto muerto» donde no puedes más, que vienen las fuerzas que no tienes por tu propia cuenta. Lo que pasa es que es en esta etapa donde te das cuenta de que, de no haber intervenido Dios en tu vida, no hubiera habido ninguna otra posibilidad de poder continuar. Lo cierto es que hasta el sol de hoy continúas caminando porque Dios no te ha dejado caer.

Estás en la etapa de rendición al plan de tu Creador. Es en esta dura etapa de resistir cuando te das cuenta de que no son tus fuerzas, ni tu talento, ni tu ingenio lo que te hizo salir del pozo de la desesperación. El rendirte a la soberanía divina es la única opción cuando Dios ha permitido que todo lo que representa tu seguridad se quiebre en pedazos. Es en esta etapa donde solo te toca decir: «Conmigo solo Dios». Él permite que nuestra agenda de sueños se haga pedazos antes de poder usarnos y que alcancemos nuestro propósito.

La multiplicación siempre viene después de etapas de quebrantamiento. En el pasaje donde Jesús alimenta a una multitud de cinco mil personas, podemos ver este principio del quebrantamiento. Las multitudes seguían al Señor para escucharle y ser testigos de los milagros que hacía. En uno de los momentos de descanso, los discípulos se acercaron a Jesús para decirle que despidiera a la gente para que compraran pan en los pueblos cercanos. Pero Jesús les objetó diciendo que ellos mismos les dieran de comer. (Ver *Marcos 6:37*). Pero esto no hacía lógica para los discípulos porque eso significaba como un año de trabajo para alimentar a tanta gente. Así que Jesús les pidió que le trajeran lo que tenían en ese momento; que era cinco panes y dos peces. Entonces Jesús tomó los panes y los peces, los bendijo y partió los panes para luego dárselos a los discípulos para que se los repartieran entre la multitud. Primero Jesús partió el pan en dos para luego multiplicarlo. Muchas veces, antes de multiplicarnos, Dios quebranta nuestra vida. ¿Te has sentido parte de una vida quebrada? ¿Has sentido que una parte de tu vida está aún rota? Es porque estás a punto de ser multiplicado. Para estar completo, primero tienes que aprender la lección de lo que significa estar roto. Recuerda que tras tus heridas más profundas, vendrá tu más grande mensaje.

Cuando ya llegas a la realización que Dios tiene un plan para tu vida solo tienes la única opción de ir tras él. Te quedas sin opciones cuando el plan divino para tu vida es el único camino. ¿Se te hace familiar el saber que no tienes opciones? ¿Qué harás cuando todo lo que representa tu seguridad se quiebra en dos y no te queda otra cosa que rendirte? ¿Es tu capacidad o intelecto tu seguridad? ¿Es tu seguridad tus conexiones o lo que alguien más puede hacer por ti? ¿Es tu seguridad la fuerza de tu juventud o el ingenio de tu mente? Porque déjame decirte que Dios es experto en permitir de que se derrumbe todo lo quiera reemplazar el hecho de que a Él le pertenece toda la gloria. Te va a tocar rendirte al plan de Dios para tu vida, a pesar de lo ilógico que parezca el seguir caminando sin ver nada a millas a la redonda.

Vas a salir de esto. Estás a punto de entrar en la etapa de la multiplicación, de ver el nacimiento de la promesa, de entrar en la vía rápida del cumplimiento de tu destino. Pero todo eso no viene sin que antes te toque atravesar esta etapa de resistir y no darte por vencido.

Tú ya tienes en ti lo que hace falta para continuar hasta alcanzar el genuino propósito de tu vida. Puede que no estés consciente de ello por lo fuerte de la prueba, pero ya está en ti. No estarías frente a una montaña si Dios no supiera que tienes lo que hace falta para escalarla. Él sabe que si eres capaz de ser fiel en el desierto, es porque también lo serás en la Tierra Prometida.

Es cierto que todavía no te encuentras hacia donde te diriges; no obstante, es cuestión de tiempo. Es cuestión de tiempo cuando esta etapa de desierto termine, cuando la persona correcta llegue a tu vida, cuando llegues a la tierra de la abundancia, cuando la deshonra y el menosprecio terminen, cuando te sientas libre de esas emociones negativas, y cuando tu matrimonio se reponga de la crisis. Pero para que ese tiempo llegue se necesita que continúes «a pesar de…». Y esto es continuar a pesar de que no sientas hacerlo. Porque tu carácter se fortalece cuando haces lo que sabes que es lo correcto hacer, no lo que sientes hacer.

¿Te imaginas si todos hiciéramos lo que sentimos? A todos se nos hace fácil hacer las cosas que sentimos, lo difícil es hacer las cosas que no sentimos hacer. Por eso lo importante que es perdonar cuando no sentimos hacerlo, escoger amar a personas difíciles cuando no sentimos hacerlo, y seguir confiando cuando no lo sentimos. Dios no se mueve de su trono aunque a veces no sientas su presencia. Muchas veces Él permitirá en varias etapas de tu vida que no sientas su presencia para probar tus convicciones.

Sé que no es fácil continuar cuando nada encaja en estos momentos de incertidumbre. Recuerda que todo éxito que tú veas en alguien más, fue pavimentado con fracasos en el medio y con la determinación de nunca rendirse. Este tiempo está haciendo más bien en ti que cualquier otro tiempo. El carácter que necesitas en la tierra de la abundancia siempre es forjado primero en la tierra de la escasez. Las bases siempre serán más cruciales que el resto de la construcción. Con una base sólida es difícil que una tormenta o una crisis vengan a tirar abajo lo construido. Y son en estos momentos de resistir sobre la arena donde tus fundamentos están siendo formados para lo que viene.

Dios no desperdicia entrenamiento con nadie. Cuando decide llevar a una persona hacia destino, la entrena en todas las etapas. Cada materia del presente es requerida para avanzar hacia la nueva etapa futura. Estás en entrenamiento.

Estás a punto de entrar en un nuevo tiempo. Has avanzado bastante como para que te quedes en el punto medio del camino. La prueba de que tienes un destino extenso es que has tenido un desierto extenso. Sé que puedes sentir cómo el Señor tu Dios ha estado contigo incluso en medio en las partes que aún no entiendes. Luego más adelante verás el porqué la etapa del desierto. Te darás cuenta el porqué era requerido este tiempo de espera y de fidelidad en el cual te ha tocado transitar.

Tu destino está siendo revelado frente a ti. ¿Estás listo para lo que viene? Entonces es tiempo de pararte una vez más y seguir caminando. Decreto, proclamo y declaro que nuevas fuerzas de lo alto vienen hacia ti, que tu fe está siendo fortalecida como nunca antes, y que la esperanza esta llenando tu corazón para continuar creyendo. Ya tienes el poder para resistir y ponerte de pie.

TERCERA PARTE

PERTENENCIA

CAPÍTULO 11

Nuevos comienzos

«Los nuevos comienzos también son un milagro».

El mejor capítulo de tu historia está recién por comenzar. A Dios le ha placido darte un nuevo comienzo. Ya sabes que la estación del desierto va a pasar. Tu Creador es el que decide las etapas de desierto y también la de los nuevos comienzos. Solo Dios puede sacar la belleza de las cenizas. Nada más Él puede resucitar los sueños que parecen terminados. Todo el caminado transitado ha sido una preparación. La fe que desarrollas en los momentos difíciles de tu pasado te prepara para tu futuro.

Los nuevos comienzos también son un milagro. La oportunidad por comenzar nuevamente también es un milagro. Una puerta abierta que te conduzca a un nuevo nivel de tu destino también es un milagro. A veces no vemos como milagros las puertas abiertas o el hecho que tengas favor en determinada situación en el hoy, pero lo cierto es que caminas cada día entre milagros.

Para acceder a un nuevo comienzo solamente puede pasar a menos que te reconcilies con tu pasado. El reconciliarte con tu pasado es aceptar lo que no puedes cambiar. No puedes cambiar la quiebra financiera, no puedes cambiar la decepción, no puedes cambiar esa traición de ese cónyuge, o la desazón de alguna injusticia pasada. Nuevamente, ya no puedes seguir conduciendo por la carretera de tu vida mirando por el espejo retrovisor. Por eso los vehículos tienen un parabrisas delantero grande y un espejo retrovisor pequeño. Para que miremos más lo que tenemos por delante que lo que quedó atrás. Si tu nuevo comienzo está frente a ti, ¿por qué seguir viendo hacia atrás y tratar de juntar los pedazos de lo que se quebró del ayer? Ya no puedes decir esos «te quiero» que no dijiste en su momento, pedir perdón a esa persona que se fue, o estar unos minutos antes de ese error que cometiste o cometieron contigo.

El entrar en esta nueva etapa de un nuevo comienzo requerirá que dejes la negatividad del pasado. Ya no puedes regresar a ese lugar donde no tienes ningún tipo de control. ¿Por qué no enfocarte en lo que puedes cambiar? Puedes cambiar tus palabras en el presente, pero no las que se dijeron en el pasado. Puedes cambiar tu actitud ante determinada situación en el hoy, pero no cómo reaccionaste ante esa situación difícil del pasado.

Una buena parte de la vida se trata de aprender a soltar y entregar. Cuando entregas algo significa que ya no lo posees. Si dices soltar algo, pero todavía reclamas por ello, es que en realidad no lo has entregado. Si continúas emocionalmente atado a algo que supuestamente entregaste y soltaste, la realidad es que no lo entregaste del todo dentro de ti. Entrega al Señor tu Dios todas tus cargas y Él las tomará y te entregará una carga fácil de llevar.

Mientras caminas tus emociones están siendo sanadas. Las emociones también son señales de lo que realmente está pasando dentro de ti. Cuando tienes un recuerdo de un dolor que alguien te hizo y todavía sientes toda esa descarga de emociones cuando recuerdas el incidente, es que todavía no has perdonado. Si todavía duele, es porque todavía hay algo que necesita sanar. Sabes que realmente has perdonado cuando deja de doler. Cuando sueltas y perdonas no es que lo olvidas, pero te deja de afectar emocionalmente. Cuando perdonas puedes recordar sin dolor. No es que lo sucedido se borre de tu mente, es que tus emociones dejan de ser afectadas por ello cuando el recuerdo llega. Cuando perdonas le puedes sinceramente desearle el bien a esa persona y renunciar a cualquier tipo de venganza. Todo lo que no logres soltar y perdonar de tu pasado está atado a ti en tu presente y lo llevarás a tu futuro.

Esta lección de aprender a soltar se hace más difícil cuando la herida viene desde la niñez. Porque nuestra mente niño asimiló el dolor y la disfunción no de la manera que lo hubiéramos hecho de adulto. Cuando tus padres o alguno de ellos comete un error, eso te marca de por vida. El tipo de relación con las figuras de autoridad que tenemos en nuestra niñez, como nuestros padres, hace que seamos marcados de por vida. Si se le quiebra el corazón a un niño, se le estará quebrando la funcionalidad de un futuro adulto.

Una de las responsabilidades de los padres es velar también por la salud emocional de sus hijos. Pareciera ser que cuando un alma nace, hay un plan contrario al plan de Dios para quebrarlo desde temprana edad. Por eso es tan importante la protección de los padres sobre los niños en su etapa más vulnerable. Los padres somos responsables de cuidar el corazón de nuestros hijos cuando estos son pequeños. Un adulto con problemas emocionales siempre vendrá de un niño con una niñez lacerada. Todos los que contamos con la bendición de ser padres necesitamos sabiduría a la hora de criar a nuestros hijos. Tus hijos no tienen que ver, escuchar y darse cuenta de cosas que no competen a su edad. Si eres padre, cuida el corazón de tus hijos.

La buena noticia es que toda persona lastimada, quebrada o herida, siempre tendrá la oportunidad de un nuevo comienzo. Dios ama tanto a las personas rotas que en algún punto de sus vidas se encontrará con ellos para abrazarlos y sanarlos con los brazos de la gracia. ¿Quieres acercarte a Dios? Acércate a las personas que sufren y no podrás evitar encontrarte con Él. Abraza a un huérfano y estarás abrazando a la Presencia Divina que yace junto a Él.

Dios tiene el recuento de cada una de tus lágrimas. Muchas veces tienes toda la intención de ir hacia delante, pero sucede que son tus emociones las que insisten en llevarte hacia atrás; y esto ocurre por la falta de sanidad. Recuerda que tus emociones están conectadas con tu mente, tu parte física y tu parte espiritual. Cuando una de las partes está afectada, en este caso por el dolor de una herida pasada, las otras partes también son comprometidas. En ocasiones el dolor emocional es tan grande que se refleja en la apariencia física de la persona.

Dios es experto en sanar los corazones rotos para darles nuevos comienzos. Él está interesado en sanar tu interior de cualquier herida del pasado. Cuando el hombre da por finalizado algo, cuando lo da por muerto, viene el Dador de vida a resucitarlo. Él puede resucitar esos sueños que has dado por terminados, puede levantar algo que está en ruinas, y puede vendar esa herida del alma para darle nueva vida.

Mantén al Señor tu Dios en primer lugar de tu vida. Porque cuando lo pones como primer lugar, Él se encarga de todo lo que te preocupa y roba tu paz. Tienes la promesa de que tus cargas serán tomadas y llevarás una carga ligera al entregar toda tu vida. La palabra de Dios dice que busques primeramente el reino de Dios y su justicia y todo lo demás vendrá por añadidura. (Ver *Mateo 6:33*). Cuando buscas hacia arriba, lo de los lados inevitablemente vendrá hacia ti.

En la nueva dispensación de la gracia o conocido como el Nuevo Testamento, encontramos dos temas principales: uno es acerca de la persona de Jesús y otra son los principios del reino. Jesús te da paz y te resuelve el tema de la salvación eterna de tu alma, y sus principios te dan prosperidad aquí en la tierra. La salvación de tu alma es el milagro más importante y de donde todo parte para lo demás. No hay un milagro más grande que este. Pero también es fundamental que conozcas y apliques los principios porque de eso depende mucho tu vida en esta tierra. El poner tus ojos en las cosas de arriba no quiere decir que debes ser negligente con las cosas de abajo. Entonces, si la salvación del alma fuera lo único importante, ¿por qué también Dios te dejó principios aplicables para que también te vaya bien en lo terrenal? El alma de todo ser humano está encerrada dentro del principio de la siembra y la cosecha. Sin importar raza, credo, color de piel o estatus social; la ley de la siembra y la cosecha es una ley que será aplicable sobre toda persona. Un sabio conoce los principios y los aplica; un necio por ignorancia vive quebrantando leyes y así cosechando un inevitable resultado.

A Dios le importa todas las áreas de tu vida. Es porque para Él todas las partes que conforman tu vida son importantes. Es más, Dios se fija en tu mayordomía en las cosas terrenales para confiarte las celestiales. De esto se trata cuando debemos poner la mira en el reino de Dios y su justicia. Es saber que si cumples los principios del reino tendrás la cosecha de prosperidad que viene con ellos.

Donde te encuentras hoy es el lugar más importante. Dónde te encuentras es más importante que dónde estuviste. Quien eres es más importante que quien fuiste. No puedes permitirte creer etiquetas que otros han querido ponerte con base a su juicio personal o sus experiencias. Alguien te pudo haber juzgado por tu pasado, pero tu pasado no te define; porque Dios hace todas las cosas nuevas.

La falta de sabiduría muchas veces viene en forma de juicio y comentarios negativos a tu vida. Recuerda que nadie ha caminado contigo ningún tramo de desierto para que escuches los comentarios y las críticas de los que no conocen las líneas que conforman tu historia. No permitas que nadie señalé tus errores pasados o quién fuiste; porque todas las cosas en tu vida han sido hechas nuevas. Puede ser que muchos vengan a juzgarte por el lugar donde naciste, las personas con quien estuviste asociado o si alguna vez batallaste con algún tipo de adicción. Recuerda que nadie es mejor que tú por tener crisis diferentes a las tuyas. Y también es importante que respetes el proceso de otros porque solo Dios sabe cómo trata con cada uno de sus hijos.

La opinión de Dios es la más importante. Por supuesto que debes escuchar consejo de personas que Dios ponga en tu camino como un mentor, un padre espiritual o las personas cercanas a tu corazón. Pero al final del día, únicamente le darás cuenta a tu Creador por lo que se te fue encomendado. Nadie te preguntará cómo vivió su vida tu vecino o cuáles eran sus prioridades. Solo darás cuenta por tu vida, tu tiempo, tus dones y lo que se te ha encomendado. Puedes honrar, respetar, bendecir, amar y sembrar bondad en otros sin depender de su aprobación, o que afecte las decisiones que solamente deben ser tomadas entre tú y Dios.

El tener un nuevo comienzo tiene mucho que ver en que fortalezcas tu carácter y estires tu fe. Y eso tendrá mucho que ver con enfrentar oposición. Ojalá pudiera decirte que cuando emprendas tu camino hacia destino todo el mundo te apoyará y te aplaudirá mientras corres tu carrera. Sin embargo, en diferentes etapas la realidad es otra. Ni el mismo Jesús siendo Dios se evitó el pasar la materia de la oposición. Sin embargo, Jesús conocía hacia dónde se dirigía y la misión que tenía por cumplir. Así como también sabía que el dolor de enfrentar el menosprecio y el juicio humano era parte de su destino.

Es cierto que puede que encuentres oposición en tu camino, pero también encontrarás a las personas que te apoyarán y estarán contigo en cada etapa. El servir al Señor tu Dios por encima de la opinión humana será una de las pruebas más grandes que puedas enfrentar. No hay nadie que tarde o temprano se enfrente con esta materia en su servicio a la humanidad. Y es que el querer agradar a otros y la necesidad de ser aceptados es tan fuerte e innato en el ser humano, que Dios tiene que saber que tal persona lo preferirá siempre a Él por encima de la opinión ajena. Esto es la muerte del *yo*. Porque la mayoría de las cosas que hacemos es para reafirmar, defender o validar ese *yo* interno. La palabra «egoísmo» proviene del latín que significa ego, que significa «yo», y el sufijo «-ismo», que quiere decir excesivo amor a sí mismo. El egoísmo es un ego exigiendo sus derechos por encima del de los demás. Todo el entrenamiento que has tenido hasta hoy es también para dejar todo egoísmo atrás y te conviertas en un canal de bendición. La mejor de las noticias es que, cuando Dios te bendice, también es para que seas de bendición en la vida de otros.

El tener oposición también es señal de que tienes un destino que cumplir. Pero no te sorprendas cuando vengan las etapas de la oposición.

Un gigante en tu camino no siempre significa que vas por el camino incorrecto; a veces significa que estás a punto de subir a un nuevo nivel de tu destino. Los gigantes nunca aparecen al principio, ni a mitad del camino; casi siempre aparecen cuando estás a punto de conquistar una nueva tierra.

Cuando leemos acerca de las etapas que tuvo que pasar el rey David desde que era un pastor de ovejas hasta convertirse en rey de la nación; vemos que este pasó de pastor de ovejas a guerrero y de guerrero a convertirse en rey. En cada etapa tuvo que enfrentarse con los retos que, de haberse rendido, no hubiera podido llegar hasta donde fue destinado llegar. El gigante Goliat en la vida de David representó su pase de entrada a su nuevo nivel de guerrero. La única forma de enfrentar a un gigante es ir a la batalla en el nombre del Señor tu Dios.

Yo no sé cuál es tu gigante en tu vida antes de empezar tu nuevo comienzo. No sé si es un tema de tus emociones, esas fricciones en tu matrimonio, algún tipo de adicción, o simplemente la larga espera por un milagro que aún no llega. Solamente tú conoces cuál es tu Goliat en tu vida. Pero vengo a decirte de parte del corazón de Dios que tú vencerás a ese gigante por muy grande que este parezca. Fuiste diseñado y tienes lo que hace falta para sobrepasar todo tipo de obstáculos.

Tu futuro a los ojos de Dios ya pasó. Muchas de las promesas que están en las Escrituras están en tiempo pasado. Y es que Dios ya estuvo en tu futuro y sabe que ya obtuviste la victoria. Sin embargo, es a ti a quien te tocará pelear la buena batalla de la fe cada día.

Tu tiempo ha llegado. El tiempo de la abundancia ha llegado a tu vida, el tiempo de nuevas ideas y creatividad ha llegado, el tiempo en que serás usado en gran manera ha llegado. Recuerda que nadie decide tus nuevos comienzos, solo Dios decide tus nuevos comienzos. Y aunque personas te hayan dicho lo contrario, aunque otros te hayan pronosticado una quiebra, o te hayan querido apartar de tu destino, no son ellos los que deciden acerca de hacia dónde te diriges.

Hace poco tiempo atrás visité una de las playas del sur de California. Esta playa es muy famosa por tener olas adecuadas para el deporte del *surfing*. Cuando estaba allí, me fijaba a lo lejos cómo había surfistas que, después de una serie de olas, esperaban con calma sobre su tabla sin estar ansiosos o visiblemente desesperados. Pero lo que pasaba es que ellos sabían que era cuestión de tiempo que el momento de lo ola adecuada llegaría. En esos minutos de espera parecía que el mar se había quedado sin olas; sin embargo, todos los presentes sabíamos que no era así. Los surfistas que se encontraban a la espera ya tenían la experiencia en saber cómo se estaba moviendo la marea y tenían que ser rápidos en aprovechar el momento justo. Se podía ver desde la distancia cómo se preparaban en anticipación, cómo se colocaban en la dirección correcta cuando el tiempo se acercaba y cómo en el momento correcto empezaban a remar con todas sus fuerzas porque tenían que pararse en el tiempo justo para tomar la ola con éxito. Un error de cálculo en el tiempo les podía costar el perder su oportunidad.

El tiempo para Dios es importante. Se trata de saber en qué temporada te está tocando vivir. Se puede hacer lo correcto en el tiempo incorrecto. Si has recibido una palabra de fe de que estás teniendo la oportunidad de un nuevo comienzo, es ahora o nunca. Es saber cuándo viene tu ola de oportunidad o quedarte esperando mientras otros toman sus oportunidades.

Sé que puedes sentir cómo las cosas se están alineando para empezar de nuevo e ir a otro nivel de tu destino. Ya sabes que el mar no se ha quedado sin olas y que Dios no se ha quedado sin planes para contigo. Es cuestión de tiempo. No te confundas por los momentos de aparente calma porque es la preparación para elevarte más alto, más fuerte y con un nuevo brillo. El mejor capítulo de tu historia está recién por comenzar.

CAPÍTULO 12

El poder de la gratitud

«La gratitud es una actitud que se expresa con una acción».

Hay poder en la gratitud. Es la gratitud la que te llevará más lejos y más rápido como ninguna otra actitud en la vida. Un corazón agradecido le pertenece a alguien preparado para recibir más abundantemente de lo que puede pedir o imaginar. El dar gracias es honrar la vida y las oportunidades. Tienes más por lo cual estar agradecido que por lo que te puedas quejar. Cuando te encuentres a ti mismo quejándote, si pones atención, te fijarás que te has alejado de ser agradecido.

El agradecimiento del ayer no te sirve para el hoy. Se debe ser agradecido cada día. Sé que tendrás en el día a día muchas tentaciones para quejarte. La vida real nos pasa a todos. Puede que seas tentado a quejarte por el tráfico, por el gobierno, por la falta de oportunidades, por el comportamiento de alguien cercano, por lo difícil que se te hace a veces criar a tus hijos, o por todo lo que piensas que te hace falta. Pero nunca es lo que te sucede, sino cómo reaccionas ante lo que te sucede. El agradecimiento es reconocer una bendición existente en tu vida.

Las emociones pueden mentir, las reacciones no. Tu reacción revela lo que está pasando dentro de ti y la condición de tu corazón. Una misma circunstancia les puede pasar a dos personas y una puede reaccionar con queja y enojo, mientras el otro agradece por la experiencia y por una nueva oportunidad de comenzar de nuevo. Cuando algo negativo de cualquier índole te suceda, espera un momento antes de quejarte, y opta por el agradecimiento. Nunca es lo que te sucede, es tu actitud ante lo que te sucede.

La gratitud es una actitud que se expresa con una acción.

Aquí en los Estados Unidos de Norteamérica se celebra el cuarto jueves de noviembre el Día de Acción de Gracias. Las familias se reúnen y cenan juntas como un acto de convivencia y agradecimiento. Es debido a la importancia del agradecimiento como parte de la cultura de la unidad.

Esta nación americana como tal es una nación basada en principios. Como parte de su constitución está el principio de la unidad. El agradecimiento también es parte de la cultura norteamericana. Pero en realidad, esta celebración de dar gracias proviene inicialmente de la historia de los primeros peregrinos de la colonia Plymouth, que llegaron al continente en un barco llamado Mayflower en 1620. Para los tripulantes de esta embarcación hubiese sido imposible sobrevivir el invierno al llegar a tierra norteamericana sin la ayuda de los nativos locales. La colonia de peregrinos Plymouth no tenía comida suficiente para su sobrevivencia; sin embargo, debido a la ayuda de los nativos locales *Wampanoag*, aprendieron a plantar semillas y a pescar para proveerse de sus propios alimentos.

El agradecimiento siempre te impulsará a la acción del dar. Debido al enorme agradecimiento de los peregrinos de la colonia de Plymouth, en 1621 ofrecieron una cena a los nativos norteamericanos para honrarlos con agradecimiento por enseñarles las diferentes técnicas de cultivo y de caza. La gran ayuda que obtuvieron fue fundamental para su sobrevivencia. De esta manera, en 1621 comenzó la celebración del Día de Acción de Gracias con el fin de agradecer a los nativos locales por la gran bendición de la cosecha, la ayuda y las dádivas obtenidas el año anterior.

El agradecimiento siempre te abrirá más puertas de oportunidades como ninguna otra actitud. No hay nada que transforme más tu interior que el agradecimiento sea parte de tu diario vivir. La prosperidad, las puertas abiertas, el favor con las personas, nueva creatividad; todo vendrá a tu vida a partir de que te eleves en agradecimiento.

Cuando Israel fue liberado después de cuatrocientos años de esclavitud en Egipto, ellos fueron llevados en el desierto guiados por Moisés hacia una promesa de prosperidad. La Tierra Prometida, que era hacia donde estaban siendo guiados, simbolizaba una tierra fértil, de prosperidad y de mucha bendición. Sin embargo, el pueblo de Israel, mientras transitaba en el desierto, echó mano de la queja, y empezó a recordar la comida que tenía en Egipto; ofendiendo con esta actitud a Dios debido a la queja. Es increíble que no les importaba seguir siendo esclavos con tal de mantenerse en su zona de seguridad. Simplemente no querían tomar el camino de la fe. Y es que el enemigo del camino de fe que está frente a ti no es la incredulidad, sino una familiar zona de confort.

Mientras la queja atrasa tu destino, el agradecimiento lo adelanta. Muchos estudiosos calculan que en realidad el viaje en el desierto de Israel hasta la tierra que Dios les había entregado era aproximadamente un trayecto de once días. Pero debido a la queja y la murmuración, les tomó cuarenta años llegar hasta allí. Incluso muchos de ellos murieron en el camino y no lograron entrar a la tierra de la bendición. Todo debido a que olvidaron ser agradecidos en el trayecto.

Aunque la queja es una tendencia del ser humano, siempre cada uno tiene la decisión de escoger el ser agradecido.

Necesitamos una intencionalidad para ser agradecidos. No hay nadie que haya fallado en agradecer en lugar de quejarse. Todos en algún momento hemos fallado en aprobar esta materia. Como pertenecemos a un mundo caído, y a una naturaleza que de manera natural nos impulsa hacia la queja, debemos trabajar a diario en elegir ser más agradecidos y mirar lo bueno. En palabras simples, la queja lleva hacia abajo tu vida, y el agradecimiento la lleva hacia arriba.

¿Has estado alguna vez cerca de personas negativas que se quejan por todo? Lo cierto es que, si te mantienes mucho tiempo en cercanía con personas así, el resultado será que tendrás actitudes similares. Terminarás actuando de acorde a las acciones de las personas de quienes te rodeas. Si quieres alcanzar tu destino y para lo que naciste, no lo podrás hacer con las antiguas amistades. Sé radical en esto. Tienes que saber que hacia donde Dios te lleva, hay personas que no tienen por qué ir contigo. Recuerda que si alguien de tu pasado no está en tu presente, es porque no pertenece a tu futuro.

Fíjate a quién estás permitiendo que afecte tu vida. Se requiere una sola persona incorrecta cerca de ti para que dejes de hacer lo correcto. Si alguien se queja todo el tiempo y tú permites que esté cerca de ti, hará que lleve tu vida hacia abajo. Y esto no se trata de ser falto de amor o ser excluyentes con personas, se trata de cumplir tu destino. El cumplimiento de tu destino es demasiado importante para que te empeñes en mantener relaciones sin propósito. Si alguien no cree en lo que Dios te ha dado y hacia donde Él te lleva, es tiempo de dejar ir a esa persona. Las Escrituras nos dan la sabiduría en esto cuando dicen:

«No se dejen engañar: 'Las malas compañías corrompen las buenas costumbres'». *1 Corintios 15:33.*

La queja es contagiosa, y el agradecimiento también lo es. Cuando veas a una persona que la mayoría de veces es feliz, es porque ha entendido esta materia del agradecimiento. La queja y el agradecimiento no pueden cohabitar dentro de una misma persona. No puedes quejarte y agradecer al mismo tiempo. Es tu decisión el elegir la actitud que llevará tu vida al siguiente nivel.

No todas las personas son asignadas en caminar contigo hacia tu propósito. Hay personas que están solamente de tránsito en tu vida; solo vienen a tu vida con un propósito en determinada temporada y luego se tienen que marchar. Tú no quieres mantener erróneamente en tu presente a alguien de tu pasado que ya no pertenece, porque va a comprometer tu futuro. El no comprender esto trae mucho dolor emocional con respecto a las relaciones. No te sorprendas si hay personas que inevitablemente se alejaran de ti cuando empieces a elevarte en agradecimiento. Y es que no puede haber conexión entre alguien agradecido y alguien que vive en la queja. El ser agradecido es un hábito que se vuelve parte de ti.

Elige el tener contentamiento a pesar de que tu vida esté alejada de ser perfecta. El ser agradecido y entusiasta van de la mano. Se han hecho estudios donde las encuestas muestran que a las personas entusiastas les pasan cosas mejores. La palabra «entusiasmo» proviene del prefijo griego «entheos», que significa «dentro de Dios». Cuando eres entusiasta estás lleno de Dios. La vida es muy corta para quejarse todo el tiempo. Encuentra tu pasión, sé entusiasta, sé un prisionero de la esperanza y no dejes de confiar en que Dios está en control de todas las cosas.

Sé que es difícil agradecer en medio del dolor y la incertidumbre; pero es la actitud correcta a tomar en todo tiempo y en toda circunstancia. El agradecimiento es la forma de honrar la vida. Y podrías preguntarte: Pero ¿cómo agradezco cuando acabo de perder mi empleo? ¿Cómo agradezco cuando mi matrimonio está pasando por esta crisis? ¿Cómo agradezco cuando estoy en medio de esta escasez prolongada? Porque es cierto que ha sido o es difícil la situación en que te encuentras; sin embargo, sin lugar a dudas, tienes más por lo que agradecer que por lo que te puedas quejar. Recuerda que sin importar las circunstancias que estés atravesando, el agradecimiento es una actitud que tú eliges. No hay nada externo que elija tu actitud, siempre será tu decisión.

Ya te encuentras en medio de bendiciones. Si puedes leer este libro es porque tienes aún el sentido de la visión, si comprendes estas palabras es que aún cuentas con tu raciocinio, y si aún respiras después de una de las mayores pandemias que ha pasado el mundo moderno, entonces tienes mucho por que agradecer. Otros al sol de hoy no cuentan con el privilegio de estar vivos. Es cierto que tu vida no es del todo perfecta. Sin embargo, ¿acaso la de alguien lo es? Es cierto que puede que hayas tenido que pasar por experiencias dolorosas o cosas se te quebraron en el camino. No obstante, continúas teniendo la decisión de ser agradecido en el día a día.

Nadie se encuentra en el medio de una vida fácil. Cada día trae su propio afán y su respectiva cuota de frustración. Es cierto que todavía te encuentres en la sala de espera de un milagro. Sin embargo, tú nunca fuiste, no eres y nunca serás una víctima de las circunstancias. Esto es otra de las cosas que la gratitud hace, te aleja de la actitud de víctima. El propósito de Dios al crearte no fue que tu actitud sea de una víctima o que te veas a ti mismo como alguien producto de las cosas que te sucedieron. Puede ser que alguien alguna vez te haya puesto una etiqueta de víctima, pero eres tú quien decide no vivir como una de ellas.

El agradecimiento abrirá las ventanas de los cielos sobre tu vida. Las bendiciones siempre alcanzarán a aquellas vidas llenas de agradecimiento. Esta es la clave: agradece de antemano por el milagro. Cualquier cosa que necesites, celebra de antemano. La oración más poderosa que puedes hacer es el agradecer de antemano por algo que todavía no has recibido. El mensaje que le envías al cielo al celebrar de antemano es que cuentas con la cuota de fe necesaria para que el milagro ocurra.

No hay nada que te abra más puertas frente a ti que honrar la vida por medio de la gratitud. La gratitud es lo que hace que una bendición mayor venga y repose sobre ti. Si no estás agradecido en lo poco, ¿qué te hace pensar que estarás agradecido cuando tengas mucho? Dios sabe que si eres agradecido en el desierto, también lo serás en la Tierra Prometida. Si no eres bondadoso cuando no tienes, tampoco lo serás cuando tengas. Es el estar agradecido en los pequeños comienzos lo que hará que algo mayor venga a tu vida.

La gratitud crea contentamiento instantáneo. ¿Tus emociones están del lado de la desesperación o del desánimo? Prueba en agradecer y verás cómo todo cambia dentro de ti. La gratitud no solo te transforma a ti, sino que transforma todo a tu alrededor. La gratitud es más que un protocolo de cortesía, es un estilo de vida. Una prueba de que estás agradecido siempre será tu necesidad de recompensar de alguna manera al objeto de tu agradecimiento. La verdadera gratitud siempre te llevará hacia la acción del dar. Por eso del nombre del día celebración de Acción de Gracias. La gratitud es una fragancia donde el favor reposa con facilidad.

Tu vida nada más puede ir en dos direcciones: o se dirige hacia arriba o se dirige hacia abajo. Puede que en muchas ocasiones te confundas porque sientes que tu vida no se está moviendo, sientes que tu negocio no progresa o que tu matrimonio pareciera ser que está estancado. Pero en realidad, aunque en lo externo pareciera que cierta situación no se está moviendo, lo cierto es que siempre se estará dirigiendo hacia arriba o hacia abajo. Con respecto a esto lo más importante es lo siguiente: lo que automáticamente hace que tu vida se dirija hacia abajo es la queja, y lo que hace que tu vida vaya hacia arriba es el agradecimiento. Y no se trata de ser agradecido una vez, es un estilo de vida. Es diligentemente elegir agradecer cada día por encima de las circunstancias.

Recuerda cada día todo lo que se te es dado por gracia. Todos en su momento tenemos la mente frágil, olvidamos las bendiciones y elegimos quejarnos. Es parte del ser humano el inclinarnos por la queja. Es allí cuando intencionalmente tenemos que agradecer, y más aún cuando las cosas no están saliendo como esperamos, o cuando el milagro aún no ocurre. Cuando eliges hacer una acción que simbolice el agradecer automáticamente haces que tu vida se eleve y vaya más alto. Si haces algo por agradecimiento a tu cónyuge, tu matrimonio sube un peldaño, cuando le agradeces a ese jefe o la persona responsable de que tengas trabajo, tus oportunidades de avanzar profesionalmente se ensanchan. Es el agradecimiento lo que hace que las bendiciones en esta etapa se queden, y es la queja la que bloquea el acceso al próximo nivel de tu destino.

Hoy puedes empezar a elegir el ser agradecido. Si tan solo puedes realmente comprender este concepto, no solamente entenderlo de manera intelectual, sino que se interiorice en tu espíritu, es cuando entiendes la importancia de su significado. Recuerda que la prueba de tu agradecimiento es tu esfuerzo por agradecer con una acción al objeto de tu agradecimiento. El agradecer tanto con palabras como con acciones es importante.

El hecho de que todavía te encuentres con vida después de una pandemia, el haber sobrevivido a un cáncer, el haber sido rescatado después de haber estado a punto de morir, o haberte levantado una vez más después de esa crisis emocional, es más que suficiente para estar eternamente agradecido. Y más aún si tienes en el hoy el pan en tu mesa para tu familia, la salud para trabajar, abrigo, una mente funcional y todo eso que damos por sentado y dejamos de ver como un milagro.

Sin conocer tu vida, sin miedo a equivocarme estoy seguro de que millones de personas intercambiarían su vida por la tuya. Y es que la queja es estar distraído de los milagros.

Olvidamos que las bendiciones que vemos como comunes es todo por lo que millones de personas al otro lado del mundo están orando. Entre muchos pasajes en las Escrituras acerca del agradecimiento, uno de ellos está el libro de los Salmos, y dice de la siguiente manera:

«Den gracias al Señor, porque Él es bueno; su gran amor perdura para siempre». *Salmo 107:1*.

Si te fijas, dice que hay que agradecer por lo que Dios es y por su amor eterno. No dice que agradezcas nada más si tu negocio prospera, si logras pagar tu casa, si te conceden el crédito, si determinada puerta se abre; dice: «Den gracias al Señor, porque Él es bueno».

Es el constante gran amor de Dios el que nos debería de llenarnos de agradecimiento cada día. Es el recibir misericordias nuevas cada mañana lo que debería ser el motivo de levantarnos cada mañana con agradecimiento. Puedes empezar a hacer pequeñas acciones cada día que demuestren cuán agradecido te encuentras. Podría ser unas palabras de agradecimiento hacia tu cónyuge, a ese compañero de trabajo por su ayuda, o a tus padres por haber luchado por darte lo mejor a ti y a tus hermanos. Hay cientos de cosas por las cuales puedes hacer un acto de agradecimiento hoy.

Tu vida ya se está dirigiendo hacia arriba. El Señor tu Dios te ha concedido un nuevo comienzo. Esto hará que te encuentres rodeado de favor, que las personas quieran ser buenas contigo, que las puertas se abran, que las personas correctas aparezcan, y que te encuentres en una posición de privilegio e influencia. Esto y mucho más hará por ti el que empieces a agradecer hoy. Hay poder en la gratitud.

CAPÍTULO 13

El principio de la honra

«Cuando honras a alguien, no estás celebrando el carácter de esa persona, es una exhibición de tu propio carácter».

L a honra es una decisión, es una semilla y es una ley. No hay nada que haga que tu vida avance más rápido y que las puertas se abran a tu camino que el principio de la honra. Un principio se define como la parte inicial donde nace o surge algo. Es la causa primaria de algo que produce un inevitable efecto. Los principios son neutros, no discriminan. Cualquier persona que aplique un principio obtendrá un resultado. Dicho resultado será independientemente de raza, color de piel, credo o estatus.

Todos sabemos que hay un principio que atrae las cosas con peso hacia el centro de la tierra. Se le conoce como la ley o el principio de gravedad. Este principio de atracción hacia el centro de la tierra opera sobre todo objeto que tenga algún tipo de peso. El principio de gravedad opera indiscriminadamente sobre objetos inanimados o personas. Los principios no discriminan a que las personas conozcan o no cómo funcionan. Los principios operan por encima de la ignorancia, la negligencia o la indiferencia.

Por ejemplo, si de un alto edificio se dejan caer dos personas, uno es un científico con mucho conocimiento de las leyes físicas y la otra persona sin ningún tipo de estudios, la ley de gravedad aplicará a ambas personas por igual.

El que tú desconozcas un principio no quiere decir que dejará de operar en ti. Hay incontables casos de personas que durante toda su vida nunca cuentan con algún tipo de favor y avance. Cuando vemos un poco más a fondo las partes de su historia, vemos que dicha persona ha fallado en honrar a sus padres o a uno de ellos. Y por dicha razón no ha experimentado todo el favor que una persona puede experimentar, a causa de la falta de honra a los padres.

El honrar a tu madre y a tu padre es el primer mandamiento con promesa. Esta promesa es clara en las Escrituras al decir que el honrar a tus padres hace que te vaya bien y tengas larga vida sobre la tierra (Ver *Deutronomio 5:16*). El que alguien sepa o no este principio no evita que obtenga su inevitable efecto sobre su vida. Ya sabiendo las leyes o principios cada persona es libre de aplicarlos o ignorarlos; pero le guste o no cosechará de su decisión. Todas las almas y la creación estamos sujetos a las leyes divinas. Absolutamente, nadie tiene la capacidad de escapar de las leyes eternas. Nadie puede burlar el sistema divino que Dios estipuló para regirnos en este lado de la eternidad.

Lo mejor que podrías hacer por ti es poner atención a los principios y ser diligente en aplicarlos; porque el beneficiado serás tú. Como ya mencioné, el principio de honrar a los padres es el primer mandamiento con promesa. (Ver *Efesios 6:2-3*). Nuestros padres son el primer contacto personal y cercano que tenemos al nacer. No es casualidad que Dios puntualmente en su palabra dejara esta comisión en forma de mandamiento. El honrar a tus padres o la memoria de ellos va más allá de si fueron buenos padres o no, si cometieron errores o no, si fueron padres ejemplares o no. La honra a tus padres es tener resuelta toda controversia o falta de perdón que tú puedas tener dentro de ti hacia ellos o hacia uno de ellos.

Tú no escogiste a tus padres, Dios los escogió por ti. Y tu deber es honrarlos para que te vaya bien y tengas larga vida. De lo contrario, el daño te lo haces a ti mismo. Esto es algo bastante difícil de hacer por las circunstancias de cada quien y su experiencia en la niñez. Dios sabía que el nacer en determinado núcleo familiar iba a formar en ti el hombre o la mujer que Él ya había determinado que fueras. Tu forma de pensar, tus convicciones y tus prioridades serían totalmente diferentes si hubieses nacido en otro tipo de familia. Al Perfecto Guionista del Universo también le plació usar la disfuncionalidad de una familia para hacer cumplir sus planes para contigo. Todo es parte de un plan.

A Dios le interesa que prosperes de manera integral. Todas las áreas de tu vida son importantes. Por esto mismo lo mejor que puedes hacer por ti es conocer los principios o leyes eternas para que los apliques y obtengas inevitablemente resultados. Por eso muchas personas luchan toda su vida crónicamente con alguna situación, porque, por más que se esfuercen con arduo trabajo, hay principios que por ignorancia o negligencia no han cumplido y por eso el efecto les jugará siempre como viento en contra. Cuando veas en tu caminar un tipo de vida fallida en alguien, si sigues los puntos hacia atrás de dicha persona, te darás cuenta de que falló en honrar a alguien a quien debía haber honrado en su momento.

Dios no va en contra de los principios que Él mismo instituyó. Es un engaño a sí mismo todo aquel que crea que puede de alguna manera burlar el sistema del cielo. No puedes orar en contra de principios. No puedes pedir que te vaya bien cuando todavía no está resuelta la honra a tus padres. Jamás le daría demérito a la oración, pero muchas bendiciones no vienen como resultado de ella, sino de la aplicación de principios. Las Escrituras son bastante puntuales al decir que el hombre no puede burlarse de Dios, y que toda persona sin excepción cosechará lo que haya sembrado. Así lo dice *Gálatas 6:7*:

«No os engañéis; Dios no puede ser burlado: pues todo lo que el hombre sembrare, eso también segará».

Nadie ha podido, nadie puede y nadie podrá nunca jamás burlarse de la justicia divina. El reino de Dios y su justicia tratan de la aplicación de las leyes eternas. Al Creador del cielo y de la tierra le plació darnos la vida eterna por medio de creer en su hijo Jesucristo, y también nos dejo los principios del reino que tienen que ver con el tipo de vida que gozaremos en este plano terrenal. Tanto la prosperidad de tu alma como la prosperidad en todas las demás áreas de tu vida son importantes. El que seas prosperado por medio de principios es la manera legal que tu Creador instituyó para que seas bendecido aquí en la tierra.

Un sabio reconoce un principio y lo aplica, pero un necio no logra verlo y se hace daño a sí mismo por su falta de sabiduría. Todo a lo que llamamos «problema» tiene su raíz en la falta de sabiduría. Nadie tiene problemas de dinero, tiene problemas de sabiduría. Nadie tiene problemas en las relaciones, tiene problemas de sabiduría. Es crucial en tu camino hacia destino que conozcas los principios que te mantendrán en la vía rápida para el cumplimiento de tu destino. Lo que pasa es que puedes tener resuelto el tema de tu identidad, aceptación y pertenencia; sin embargo, si fallas en cumplir los principios, entonces cosecharás un resultado debido a la ignorancia o negligencia. La vida de todo ser humano está encerrada en el principio de la siembra y la cosecha. Lo que tú les provoques a otros, Dios permitirá que tú lo experimentes.

La honra es una decisión. Primeramente, vamos a definir de lo que se trata la honra. La honra es un respeto, estima, buena opinión y voluntad de reconocer la dignidad, autoridad o ascendencia de una persona. El honrar a alguien es la capacidad de reconocer y aceptar en alguien su diferencia de otras personas. La honra revela el carácter y la honorabilidad de alguien.

La honra es un patrimonio de los grandes. La grandeza también sabe honrar a sus enemigos. La grandeza también trata de honrar a un Judas sentado a su mesa. La grandeza reconoce a quién honrar. A quien tú honres, revela quién eres. Fíjate a quién determinada persona está honrando y te darás cuenta hacia dónde se dirige. La honra convierte cualquier muro en una puerta. La honra asegura tu acceso continuo a un ambiente, más que tu ingenio o capacidad.

La honra es la actitud que tienes hacia otra persona, la humildad es la actitud que tienes hacia ti mismo. Cuando honras a alguien, no estás celebrando el carácter de esa persona, es una exhibición de tu propio carácter. Puedes predecir el futuro de cualquier persona fijándote a quién esa persona decide honrar o deshonrar.

La honra es la ley de las leyes. La prosperidad está en todo lugar donde está la fragancia de la honra. La sanidad de cualquier tipo solo puede ocurrir en un ambiente de honra. El precio a pagar para que tengas acceso a cualquier ambiente es por medio de la honra. La honra convierte cualquier muro en una puerta.

El honrar es el camino más elevado a tomar. Alguien seguro de sí mismo siempre honrará, alguien inseguro tratará con menosprecio y desdén a los demás. La honra es el reflejo de cómo una persona se trata a sí mismo. La honra te posiciona como un receptor de nuevas oportunidades y favor. Cuando no sepas qué hacer o cómo actuar con determinada persona, decide honrar.

Un gran ejemplo de honra lo vemos en la vida del rey David. Él tuvo la grandeza de honrar también a sus enemigos. En un momento de la vida de David, él fue perseguido por el rey Saúl para matarlo. El primer monarca Saúl tuvo envidia de David porque el pueblo lo reconocía como un gran guerrero y esto hizo que lo mirara con envidia. Dicen la Escrituras que en un momento, mientras David escapaba de Saúl y de sus hombres, las circunstancias se dieron para que se encontraran en la misma cueva. Entonces, mientras Saúl estaba distraído, David tuvo la oportunidad de cobrar venganza en la oscuridad de la

cueva y acabar con la vida de su archienemigo. Pero el están-
dar de honorabilidad de David era más alto como para matar a
quien representaba su enemigo en ese entonces, y solamente le
cortó parte de su manto perdonándole así la vida a Saúl.

Alguien honorable no se deja llevar por sus emociones o
deseos de venganza. David honraba a Dios y reconocía que su
enemigo Saúl había sido puesto en autoridad por asignación
divina. El verdadero carácter se revela cuando tienes la decisión de hacer lo fácil pero eliges hacer lo correcto.

La honra es un patrimonio de los grandes. La honorabilidad
de David era parte de sus convicciones. También dicen las Escrituras que David tuvo cargo de conciencia porque había corta-
do la orilla del manto de Saúl. (Ver *1 Samuel 24:5*) La honorabilidad de David era tal que, aun el inofensivo acto de cortar el
borde del manto de su enemigo, le hizo tener cargo de conciencia. La sabiduría siempre tomará caminos más altos y elevados.

El que decidas honrar aun a tus enemigos siempre llevará
tu vida más alto. Y es que cuando honras y bendices a tus enemigos, más poder de Dios reposará sobre tu vida en forma de
favor y nuevas oportunidades. El que tengas enemigos es una
gran oportunidad para practicar la honra y elevarte por encima
de tus circunstancias. La manera en que David era honorable
es que no podía concebir que él pudiera matar a un rey puesto
y ungido por Dios. Así se expresó a sus hombres que estaban
con él escondidos en la cueva donde sucedió el incidente:

«Y dijo a sus hombres: El Señor me guarde de hacer tal
cosa contra mi rey, el ungido del Señor, de extender contra él
mi mano, porque es el ungido del Señor». *1 Samuel 24:6.*

¿Si puedes ver la grandeza de David? Él decidió honrar aun cuando alguien insistía en hacerle mal. Alguien honorable hace cosas que la mayoría de personas no harían. La grandeza sabe a quién honrar en cada ambiente.

El mayor ejemplo de honra y de cumplir principios siempre lo encontraremos en la vida de Jesús. Él tuvo la grandeza de honrar a un Judas aun sabiendo que estaba a punto de entregarlo. Es más, lo llamó «amigo» sabiendo que lo había vendido por treinta monedas de plata. Muchas veces los que vienen a hacerte mal terminan siendo los mejores amigos de tu destino. Jesús sabía que esta traición de alguien cercano a Él era parte de su destino. El nombre de Judas significa «hombre traidor», pero la gracia decidió llamarlo «amigo». (Ver *Mateo 26:50*).

Jesús vino a cambiar las reglas del juego con respecto a la venganza. El pensamiento común era «págales a otros con la misma moneda», pero la sabiduría hecha hombre dijo que amáramos a nuestros enemigos y que oremos por los que nos persiguen (Ver *Mateo 5:44*). Pero esto no hace sentido para el pensamiento común. Te podrías preguntar: ¿Cómo voy a pedir el bien para alguien que me desea el mal o que habla mal de mí? Y es que en el momento que tú oras por un enemigo o un detractor, lo desarmas.

Es tu decisión el que puedas escoger caminos más altos. ¿Quieres experimentar milagros instantáneos? Ora por esa persona que te desea el mal y verás milagros en su conducta hacia ti. Vence el mal con el bien. Sé que esto es una de las cosas más difíciles para todos; sin embargo, la sabiduría siempre irá en contraposición a lo que es popular por hacer. Puede que el camino de Dios no sea el más fácil; sin embargo, es el más elevado.

Nadie está obligado a honrar, es una decisión propia. El que tú tengas talentos o capacidad no te hace una persona honorable. Tus dones no determinan la condición de tu corazón. ¿Quieres conocer más a fondo a alguien? Mira a quién honra, y la manera que lo hace.

La sabiduría sabe discernir a quién honrar y cómo hacerlo. Las Escrituras también nos dan el ejemplo en la vida de Elías y Eliseo. Elías era un profeta que hizo grandes milagros y prodigios. No obstante, en un punto, Dios le dice a Elías que pronto morirá y que hay un hombre llamado Eliseo que lo va a suceder como profeta. Cuando Elías llega a buscar a Eliseo, lo ve arando la tierra; entonces va y tira su manto sobre él. Esto simbolizaba por mandato divino una transferencia de llamado de Elías a Eliseo. Sin embargo, fue la decisión de honrar de Eliseo a su mentor Elías lo que lo hizo hacer el doble de milagros de los que Elías había hecho.

Eliseo supo honrar a Elías y servirle. Eliseo sabía que la manera de acceder al poder de Dios que reposaba sobre Elías era por medio de la servidumbre; que también se traduce como honra. Este es el secreto: la manera de acceder a la bendición de Dios que reposa sobre la vida de una persona es por medio de la honra. El discernir a quién honrar y cómo hacerlo te posicionará en la vía rápida del cumplimiento de tu destino.

La honra también es una semilla. Todo en la vida es una semilla. Tus dones y talentos son una semilla. Tu tiempo es una semilla, tu dinero es una semilla, y tu actitud hacia otros también es una semilla. Cómo tratas a otros es una semilla que regresará a ti. El ser amable y tolerante con otras personas también es una semilla. Todo lo que conforma tu vida es una semilla.

La semilla que el Creador sembró en la tierra para la salvación de la humanidad se llamó Jesús de Nazaret. Porque Dios siempre actúa bajo la ley de la siembra y la cosecha. Cuando tú siembras honra, cosecharás honra. Si siembras menosprecio, es cuestión de tiempo que obtengas la misma experiencia de menosprecio en tu vida. En el momento que tú siembras honra, es cuando Dios permitirá que la honra te encuentre. Si te encuentras bajo personas con autoridad, hónralos; porque eso te llevará hacia el siguiente nivel de tu destino. A Dios se le haría fácil llevarte por el elevador, pero Él prefiere las escaleras. En cada etapa tendrás personas que el acto de honrarlos hará que vayas al siguiente nivel.

La honra es la ley de las leyes. La honra crea en el ambiente la posibilidad de que el amor crezca con facilidad. La honra dignifica, levanta, añade, hace bien y origina placer en una persona. Tu prosperidad siempre estará relacionada directamente con la persona a quien tú decidas honrar. Es cierto que la honra primero le pertenece al Señor tu Dios. No obstante, Él te prueba cómo honras a las personas con autoridad aquí en la tierra. Si no puedes honrar a alguien que ves, ¿cómo vas a honrar a un Dios que no ves? De la manera en que honras lo que se te ha confiado, es lo que te posiciona para al siguiente nivel de confianza.

Si has llegado hasta esta parte del libro es porque te considero una persona honorable. Puede que nunca hayas contemplado la honra como una de las principales cosas para que alcances tu destino. Sin embargo, sé que hay algo en ti que te dice que hay un destino pujante que te espera.

Todos nos hemos equivocado con este tema de la honra. Pudimos haber fallado en nuestra adolescencia al honrar a nuestros padres, a esa amistad, a ese puesto de trabajo, a las autoridades de esta tierra, etcétera. Absolutamente todos, ya sea por desconocimiento o negligencia, hemos faltado a este principio. Pero sé que quieres estar alineado con todo lo que te está llevando hacia destino. Dios siempre estará de alguna manera mostrándote el camino. Tú no dejarías que un hijo tuyo estuviera perdido en un oscuro bosque cuando sabes cuál es el camino que debe tomar. Entonces tu Creador, el que ha invertido todo el entrenamiento y dedicación para verte en el cumplimiento de tu destino, no dejará de mostrarte el camino a seguir.

Ya has entrado en lo que te pertenece como un nuevo comienzo en tu vida. Estás más cerca de lo que crees. Se han acelerado tus tiempos y ya cuentas con viento a favor. El mejor capítulo de tu historia está por recién comenzar. Has pasado mucho y no ha sido en vano. Todo lo que ha sido formado en ti un día lo darás y otros serán bendecidos; mientras, tú también estarás rodeado de bendición. Todo está siendo utilizado para hacerte avanzar hacia tu propósito.

Empieza a sembrar honra para que estés rodeado de favor. Empieza a reconocer a las personas a las cuales has fallado en honrar. Recuerda que nada ni nadie te obliga a honrar. El honrar es una decisión de sembrar una semilla en un principio eterno que funciona. Y solamente tú cosecharás sus beneficios o, por su contrario, sufrirás las consecuencias. Honra aunque alguien no lo merezca, aunque sabes que traicionarán, aunque se hayan cometido errores contigo, y honra la memoria de aquellos que ya no puedes honrar en vida. La honra es una decisión, es una semilla y es una ley.

CAPÍTULO 14

Favor sin precedentes

«Hay un favor especial sobre la vida de aquel que camina sobre las líneas escritas de su destino».

Tú ya cuentas con el favor de Dios. El favor es esa fuerza sobrenatural que te lleva adonde tú no podrías llegar por ti mismo. Aun los aviones llegan unos minutos antes cuando la dirección del viento favorece la ruta de destino de la aeronave. El favor es lo que hará que avances más rápido, más lejos, y en menos tiempo. Lo que a otros les tomaría mucho tiempo, el soplo divino sobrenatural sobre tu vida hará que suceda más rápido y de la mejor manera.

Es muy difícil tratar de avanzar con vientos en contra de hacia donde te diriges. ¿Te ha pasado tratar de caminar cuando tienes el viento tratando de detenerte? Se requiere mucho esfuerzo para tratar de ir al lado contrario de la fuerza de los vientos. En las circunstancias contrarias, qué fácil es caminar, avanzar, incluso correr cuando sientes el impulso del viento detrás de ti.

Hay un favor especial sobre la vida de aquel que camina sobre las líneas escritas de su destino. Hay un favor sobrenatural sobre alguien que hace eso para lo que nació. Es ese llamado pujante que no se va de ti por más que el tiempo pasa. Si es un llamado genuino, será una constante dentro de tu interior que no se irá hasta que lo cumplas.

El favor es lo que hace que avances cuando hay pocas posibilidades. El favor es lo que hace que las personas quieran ser buenas contigo, que tengas favor con tus clientes, que encuentres favor con las personas en autoridad, favor con ese socio que necesita tu empresa, con esa persona encargada de aprobar el crédito, y con las personas a cargo de darte todo lo que necesitarás para que eso que representa tu sueño de vida se cumpla. El favor sobrenatural siempre será visible en lo natural.

Es el favor divino el que te hará prosperar. Ya tienes el sello de aprobación sobre tu vida para que avances hacia tu genuino propósito. Solamente tu Creador puede darte su aprobación y darte todo el favor que necesitas para avanzar. El favor y la aprobación de Dios es lo único que necesitas para emprender hacia ese lugar único hacia donde Él te está llevando. Él se encargará de darte también el favor de las personas correctas. Todo parte del favor divino vertical, para contar con el favor horizontal. Si cuentas con el favor de arriba, inevitablemente tendrás el favor de los lados.

Todo se trata de que vivas con la mentalidad de favorecido. No basta nada más con saberlo intelectualmente; se trata de que actúes como una persona altamente favorecida. Es la actitud de favorecido la que cuenta. Puede que estés leyendo estas líneas acerca de contar con favor, pero solo lo puedes experimentar cuando en verdad lo crees. Es tu mentalidad lo que hará que experimentes el favor divino o no. Las promesas se activan al creerlas.

Y podrías decir: «Es que no sabes lo que he tenido que enfrentar», «Nunca he tenido favor en lo que hago», «Las cosas no han salido como esperaba» o «He cometido demasiados errores como para creer que tengo favor». Pero todo eso es como tu mente te está saboteando para que no te consideres una persona favorecida. Puede que haya sido tanto tiempo que te has encontrado con vientos en contra en todo lo que emprendes, que se te hace difícil el considerar que empezarás a tener favor sin precedentes. Cuando nos mantenemos en una determinada realidad por mucho tiempo, empezamos a pensar que eso ya es parte de nosotros y que no hay probabilidad de cambio. Sin embargo, nunca es lo que te sucede, es lo que te dices a ti mismo acerca de las circunstancias.

El camino hacia tu destino siempre se tratará acerca de transitar por medio de un camino de fe. Nunca será lo que miras en el exterior, siempre será lo que creas en tu interior. Las circunstancias pueden gritar fuerte, pero sigue escuchando el susurro de la fe. Y si crees que eres una persona favorecida, es lo que experimentarás en tu diario vivir.

Tus palabras tienen poder. Lo primero por cambiar para que experimentes favor sin precedentes es tu vocabulario. Sé un guardián de tus palabras, así como lo eres de tu mente. Ya no puedes referirte acerca de ti mismo, las circunstancias o lo que va a pasar con negatividad. Si siempre estás refiriéndote a tu presente y futuro con palabras de tragedia, estancamiento y escasez, eso es lo que precisamente obtendrás. Tu realidad en el presente es el resultado de las palabras que dijiste en tu pasado. El mundo espiritual reacciona a tus palabras.

Se trata de creer con el corazón y confesar con tu boca palabras de fe y esperanza. Las Sagradas Escrituras nos dan luz con respecto a que la creencia dentro de ti tiene que ir alineada con lo que expresas con tu boca para que los milagros ocurran. Cada uno es responsable de lo que sale de su boca y de la misma manera cada uno comerá del fruto de sus propias palabras.

Has estado en un proceso de crecimiento. Estás creciendo en tu fe, estás creciendo en tu forma de pensar y estás creciendo en conocer tu misión en esta tierra. Pero este crecimiento también trae una responsabilidad. Y esto se trata de ser responsables con lo que creemos y con lo que expresamos con nuestra boca. Da gracias cada día, todos los días, por el favor divino sobre tu vida, las nuevas oportunidades, las nuevas ideas y la creatividad.

Tu vida siempre seguirá el orden de tus pensamientos y palabras. Y el vivir con una mente de favorecido hará que lo experimentes en tu día a día. El favor es más grande que tu hoja de vida, tu historial de crédito, o cualquier credencial profesional. El favor es ese soplo divino que allana caminos y abre puertas a tu paso.

Donde encuentres honra, siempre encontrarás favor, y donde encuentres favor, encontrarás prosperidad. El favor es el resultado de cumplir principios. Por eso es tan importante que en tu camino hacia destino conozcas los principios que te harán acceder a nuevos niveles de favor. El favor es un fruto, no un milagro. Un milagro es algo que experimentamos de manera sobrenatural sin explicación alguna, pero un fruto es el resultado de una siembra previamente hecha.

El favor viene con cada paso de obediencia. Las Escrituras en *1 de Reyes 17* nos hablan acerca del profeta Elías y una viuda de una ciudad llamada Sarepta. Dios le da la instrucción a su profeta Elías diciéndole que se levantara y que emprendiera camino hacia la ciudad de Sarepta; porque ya le había dado la orden divina a una viuda, que vivía en dicho lugar, para que lo sustentara con alimento. Luego menciona que Elías se levantó y se fue al sitio indicado. Es interesante que Dios ya le había dado la orden a la viuda para que alimentara a Elías; sin embargo, la provisión y el sustento vino y se activó, hasta que el profeta accionó sobre la instrucción. Fue el paso de obediencia de Elías lo que trajo la provisión. Todo lo que necesitas siempre ocurre hasta que estamos en camino hacia destino, no antes. Mira que la Biblia no dice: «Y Elías tuvo la intención de ir a Sarepta», «y Elías empezó a pedir más confirmaciones para emprender viaje a Sarepta», «y Elías se puso a declarar desde su aposento para tener sustento en Sarepta». ¡No! Las Sagradas Escrituras dicen claramente en una de las versiones:

«Entonces él se levantó y se fue a Sarepta». *1 Reyes 17:8(a)*.

Elías accionó sobre la instrucción recibida. Cuando te levantas y das el paso de obediencia es cuando el favor y la provisión ocurren. Dios ya había dado la orden a la viuda, pero la provisión se activó hasta que el profeta actuó y se puso en camino. El favor viene cuando te encuentras caminando hacia tu destino, no cuando tienes las intenciones de hacerlo. Siempre va a valer más treinta minutos de acción que treinta horas pensando en hacer algo. Es la acción de obedecer en las pequeñas cosas la que hace que Dios confié en ti en las grandes. Él no necesita personas perfectas, sino obedientes. Una acción retrasada a una instrucción divina, en realidad es desobediencia.

Todo el sustento, la provisión, el favor y las puertas abiertas siempre vendrán al obedecer sobre una instrucción divina. Cómo reaccionas a una instrucción divina en el presente determina el favor con que contarás en tu futuro. Dios prueba a sus hijos al darles una instrucción y observa su reacción. Porque si sabes obedecer las instrucciones pequeñas, es porque también obedecerás las instrucciones mayores. Dios sabe que si eres capaz de ser fiel en el desierto, es porque también lo serás en la Tierra Prometida. La mayor prueba de mayordomía siempre ocurre en los pequeños comienzos.

Te encuentras en el medio de un proceso de crecimiento. El favor, la sabiduría, la madurez y la prosperidad; todo eso es permitido en nosotros por medio de un proceso. Jesucristo siendo Dios no se evitó el crecer por medio de un proceso. Es la fidelidad en el proceso de los pequeños comienzos lo que hace que se te sean confiadas cosas mayores.

Una bendición fuera de tiempo, sin tener el carácter desarrollado, no terminaría siendo del todo una bendición. Tú no le darías a conducir un automóvil a tu hijo de siete años, pero probablemente se lo confiarías cuando cumpla la mayoría de edad. La misma bendición con el mismo hijo, pero diferente nivel de crecimiento mental, emocional, físico, y psicológico. Y es que queremos que Dios nos lleve por una vía rápida hacia nuestro destino; sin embargo, Él prefiere llevarnos por etapas de crecimiento. Un crecimiento exponencial sin el desarrollo del carácter termina siendo una destrucción para una persona.

Estás en el medio de un proceso de crecimiento. Este crecimiento es a veces imperceptible para la mayoría. Toda tormenta, por fuerte que parezca, no ha venido a detener tu destino, sino a dejar en ti cosas que no estaban y un nivel mayor de favor cuando todo haya pasado. Si rechazas las tormentas, estás rechazando el crecer y todo el favor que viene posteriormente pasados los fuertes vientos. Conoce que la tormenta está dejando en ti lecciones que no podrías aprender en ningún otro tiempo.

Así como en la historia bíblica de Elías y la viuda de Sarepta, Dios siempre honrará la obediencia. Como consecuencia del paso de obediencia de Elías, no solamente él fue sustentando como se le dijo que pasaría, sino también Dios hizo un milagro de multiplicación con la harina y el aceite pertenecientes a la viuda. Después de que la viuda alimentó al profeta, este le dio una instrucción a ella manifestándole que le diera de comer primero y que él le aseguraba de parte de Dios que su harina y su aceite no escasearían hasta que volviera a llover en la tierra; y ciertamente así sucedió. (Ver *1 Reyes 17:8-16*). Cuando emprendes hacia tu destino hay dos cosas que nunca te faltarán, una es la provisión y la otra es el favor. La harina representa el alimento y el sustento; y el aceite tipifica el favor. Después de obedecer a una instrucción divina, siempre encontrarás provisión y un aumentado poder de Dios reposando sobre tu vida.

Estás creciendo en favor. Te expreso que estás creciendo en favor porque es en algo en que siempre puedes crecer. Por ejemplo, no puedes hacer que Dios te ame más; ya que Él decidió amarte, aceptarte y aprobarte aun por encima de tu montaña de errores. Tu desempeño o cómo te comportes no cambian el amor incondicional que Él tiene por ti. No está en discusión el amor que Dios tiene por ti. Sin embargo, la Palabra de Dios nos da luz con respecto a las cosas en que sí podemos crecer. El favor es algo en lo que siempre podrás crecer.

Jesucristo es el ejemplo de crecer en favor. En el libro de San Lucas, cuando Jesús todavía era joven de edad, se quedó en Jerusalén mientras sus padres deciden emprender viaje. Cuando no lo encuentran en el camino, deciden regresar a Jerusalén y lo encuentran sentado en el templo, hablando con los doctores de la ley, oyéndoles y haciéndoles preguntas. Y también dice que todos los que le oían las preguntas que Jesús hacía y las respuestas que les daba a las preguntas que ellos también le hacían, se maravillaban de su inteligencia. Pero lo que quiero transmitirte es lo que encontramos en *Lucas 2:52*, cuando dice:

«Y Jesús crecía en sabiduría y en estatura, y en gracia para con Dios y los hombres»."

Cuando José y María encontraron a Jesús entre los doctos de la ley, no entendían muy bien por qué se había quedado en el templo. Sin embargo, el joven Jesús volvió con sus padres y es muy claro el pasaje cuando dice que Jesús volvió a Nazaret con ellos y estuvo «sujeto a ellos» o lo que significa: «Vivió en obediencia a sus padres». Y después de vivir en obediencia, es lo que dice un par de versículos más adelante, que Jesús crecía en sabiduría, estatura y en gracia con Dios y con los hombres. Jesús, siendo cien por ciento Dios y cien por ciento hombre, estuvo sujeto tanto a las leyes naturales como a las leyes espirituales. El crecer en favor siempre vendrá como resultado de vivir en obediencia.

Cuando la Biblia habla con respecto a crecer en gracia con Dios y con los hombres, está hablando en crecer en favor. El tener gracia con alguien se define como tener favor con alguien. Tú ya tienes el favor de Dios, pero también necesitarás el favor con las personas. Tanto la sabiduría como el favor son algo con lo que se crece según las decisiones que tomemos. La sabiduría con que cuentas en este momento no es toda la sabiduría que puedes tener. El favor con que cuentas en este momento no es todo el favor que puedes tener. Siempre puedes ir a un siguiente nivel de favor.

Si pudiste notar, primero estuvo la obediencia de Jesús a sus padres y luego vino el crecimiento en sabiduría y favor. Los padres son sinónimo de autoridad. La manera en que tú estás sujeto a las autoridades terrenales es como se demuestra si puedes estar sujeto a la autoridad divina. Todo tiene que ver con cumplir el principio de la honra. La obediencia es una forma de honra. Todo a lo que tú obedezcas es lo que estás honrando. Cuando tú desobedeces, estás deshonrando.

Como estamos hablando de favor, no lo podemos desligar como el resultado de la honra. Recuerda que, donde encuentres honra, encontrarás favor, y donde hay favor también tendrás prosperidad. El cumplir las leyes espirituales es necesario para que puedas acceder a nuevos niveles de favor.

El favor también es un escudo en tu vida. Un escudo es sinónimo de protección. Entonces el favor también viene a ser una protección que cubre todas las áreas de tu vida. El favor te cubre de infortunios, personas mal intencionadas, enfermedades, tragedias y todo lo que podría venir a bloquear el camino hacia tu destino. El tener el favor como un escudo es lo mejor que puedes tener. Así dice la Palabra de Dios acerca del escudo de favor sobre tu vida:

«Porque tú, oh Jehová, bendecirás al justo; como con un escudo lo rodearás de tu favor». *Salmos 5:12*.

Dios ya ha dado la orden de que personas salgan a tu encuentro para ayudarte, para bendecirte y para llevarte a un nuevo nivel. No llegarás allí solo. Dios ha dispuesto que muchas personas te apoyen para posicionarte en el próximo nivel de tu destino. Pero todo eso es el resultado de honrar a Dios en obediencia. No me refiero a que seas perfecto, me refiero a ser obediente. Y eso trata de que sigas el camino de la senda única que te llevará hacia el cumplimiento de tu destino. Ya tienes la promesa de la guía divina. Así lo dice en el libro de los *Salmos*:

«Te haré entender, y te enseñaré el camino en que debes andar; sobre ti fijaré mis ojos». *Salmos 32:8*.

El favor viene como resultado de caminar sobre la senda que se te está siendo mostrada en cada etapa. Desde el momento que estás leyendo estas líneas con respecto al favor, es porque lo estás viendo desde una nueva perspectiva. Absolutamente todos los seres humanos estamos cursando materias de aprendizaje y crecimiento. No puedes salirte de la universidad divina. Si Dios se ha empeñado con tu vida, no te dejará; hasta que haga contigo lo que dijo que haría. Si tu Creador te ha marcado con un destino, no podrás huir de su presencia.

Lo mejor que te podría suceder en la vida es que Dios te

salga a tu encuentro y te revele una palabra con respecto a tu destino. Porque eso hará que te aferres con fuerza al mástil de tu pequeña embarcación cuando es amenazada con naufragar, cuando azoten los fuertes vientos de una tormenta. No le temas a las tormentas; porque finalmente terminan siendo un siervo que usará sus vientos para alinearte en la senda por la que debes transitar. Lo que hace que resistas en medio del caos del trayecto de tu vida es tener la convicción de que fuiste marcado con un destino y que se está revelando en ti.

Dios ya ha dispuesto que tengas todo el favor, las puertas abiertas, todas las conexiones divinas necesarias, la sabiduría y toda la provisión para que alcances todo eso por el cual fuiste cableado en el vientre de tu madre. El favor siempre lo encuentra aquel que decide caminar sobre las líneas previamente escritas de su historia. Todo el camino recorrido es para formarte interiormente para lo que viene. Ya estás caminando en tu nuevo comienzo. Tú ya cuentas con el favor de Dios.

CAPÍTULO 15

El Perfecto Guionista del Universo

«El amor siempre irá por ti cuando otros te abandonen».

Dios ya estuvo en tu futuro y sabe que llegarás a destino. Hay un plan revelándose en tu vida; un plan que fue activado desde antes de que nacieras. No hay seres humanos que nacen por accidente, solo hay personas que nacen con propósitos. Si alguien nace es porque también hay un destino latente que lo espera. El saber que te diriges hacia un lugar diseñado para ti crea que vivas con esperanza. El saber que el Perfecto Guionista del Universo ya escribió tu historia de vida te cambia totalmente la manera en que te paras ante la vida y tomas tus decisiones. El saber que tu vida está alineada a los planes del Creador, hace que resistas en los momentos difíciles, que trabajes en tu día a día en tu crecimiento y ordenes tus prioridades.

El lugar donde te encuentras es tan importante como quién eres. Dios primero creó lugares y luego la vida que viviría en dicho ambiente. En el principio, primero fueron creados los océanos y luego la vida marina que habitaría allí. Primero Dios plantó el Jardín de Edén y luego formó al hombre para que lo habitara. En el mismo orden, ya había primeramente una Tierra Prometida antes de que el pueblo de Dios fuera guiado hasta allí. Los lugares son establecidos primero y luego su forma de vida. Este lugar que representa tu destino no necesariamente es un sitio físico, sino un estado espiritual. Alguien puede estar en un lugar físicamente pero en su interior sin sentirse completo en un sentido de pertenencia. Los lugares vienen a complementar la forma de vida que los habitarán. En el sitio donde Dios te ha destinado que estés, es donde encontrarás paz, contentamiento, prosperidad integral y un sentido de propósito. Cuando te encuentras en un sitio en el que a pesar de los años no sientes un sentido de propósito, es que te encuentras en el lugar incorrecto. Todo lo que has tenido que atravesar en tu pasado ha sido una preparación para que llegues a tu lugar de destino. Tanto tú como el lugar de tu destino son parte del plan.

La paciencia en una persona es una señal de confianza. Los dones y la inteligencia son comunes encontrarlos en las personas, pero lo difícil de encontrar es la constancia. Las materias de la constancia y la paciencia es el precio que alguien paga en una determinada temporada. En tu camino hacia destino no podrás evitarte la materia de la paciencia. La paciencia se define también como «autodominio» o «dominio sobre sí mismo». Es abstenerte de actuar fuera del tiempo correcto. Es contenerte a actuar por encima de lo que sientes. Quién eres, el tiempo correcto y el lugar correcto son lo más importante.

Tu llamado es geográfico. A pesar de que el lugar de tu destino también tiene que ver con la plenitud de tu alma, también este lugar es representado con un lugar geográfico en específico. Fuiste asignado a prosperar en un sitio ya previamente asignado para ti. Jesús siendo Dios y teniendo todo el favor y la sabiduría divina, no fue exitoso en todos los lugares. Y es que su Padre Celestial ya le había asignado su misión y la geografía de su llamado. Debido a la incredulidad de sus habitantes, Jesús hizo nada más unos pocos milagros en su propia tierra, Nazaret. (Ver *Mateo 13:58*). El hecho de que a pesar del esfuerzo no prosperes en un sitio, no necesariamente está revelando que algo está mal en ti, sino que estás poniendo tu esfuerzo en el lugar incorrecto. Los lugares incorrectos también vienen en forma de relaciones, oportunidades laborales o en lo que te has empeñado en que funcione cuando no has visto ningún fruto a través de los años. Te puedes encontrar haciendo lo correcto en el lugar incorrecto.

El Perfecto Guionista del Universo ya te formó con todo lo que necesitas para tu misión, preparó el sitio donde serás de influencia y determinó los tiempos para que las cosas sucedan. Pero todo es dentro de la materia de la paciencia. Por mucho que se esfuerce la sociedad para hacernos creer que las personas deberíamos tener menos paciencia y que todo tendría que ser instantáneo, con respecto a los planes de Dios no es así. Todo lo que al final vale la pena en la vida siempre vendrá después de periodos de paciencia y constancia.

Absolutamente todos estamos dentro de los tiempos divinos. Es algo de lo que no tenemos el control. Parte de aceptar la soberanía divina es aceptar que Dios decide los tiempos en tu vida. Sería increíble tener el poder de acelerar los tiempos y evitarnos de esta manera esas etapas de espera. Sin embargo, es precisamente el ser constantes en esta etapa lo que agregará más resistencia en ti, a que si el milagro ocurriera de manera instantánea. Los caminos pedregosos de los costados son necesarios transitarlos antes de llegar a la cima de la montaña.

La vida se compone de estaciones, ciclos y etapas. Siempre estaremos en una de ellas; siempre estaremos de tránsito. El gran secreto es discernir en qué etapa nos está tocando vivir en el presente, en qué estación de la vida Dios nos tiene con un propósito puntual y específico. Todo tiene su tiempo debajo del sol. Bendice cada etapa; porque te es necesario vivirla como parte del único divino proceso de crear el carácter del Hijo de Dios en ti, el carácter de Jesús.

Dios es un Dios de procesos. Y para llevarte hacia donde Él te lleva, primero necesita procesarte. Tú eres más fuerte que tu proceso. Los procesos no vienen a destruirte, vienen a formarte y a agregar en ti lo que no había. Es cierto que Dios no te dará una prueba más grande de la que puedas soportar, pero también pasa con tu destino. Él tampoco te dará una visión y un destino más grande de lo que puedas soportar. Solamente piensa en lo siguiente: Si tu proceso hasta hoy ha sido largo y extenso, es porque así es el tamaño de tu destino.

El Creador del universo no desperdicia entrenamiento con nadie. Él no invierte tanto en la vida de alguien sin ninguna clase de propósito. Todas las lecciones de vida que te ha tocado vivir hasta el sol de hoy fueron pensadas para formarte para cuando te encuentres haciendo eso para lo que naciste. Gracias a Dios por tus crisis pasadas, porque sin ellas no serías quien eres, ni tendrías la perspectiva que hoy tienes de la vida.

Corre tu propia carrera, celébrate a ti mismo y no caigas en la trampa de compararte con otros. No intentes ser la copia de nadie. Que nadie dicte quién debes ser o hacia dónde te debes dirigir. Fuiste puesto en esta tierra para un mensaje dar, vidas inspirar y un legado dejar. Ya tienes lo que hace falta. No te hace falta seguir buscando validación en cosas externas. Ya no puedes seguir siendo llevado de un lugar a otro por opiniones ajenas de los que no conocen tu llamado. Puedes respetar, honrar, bendecir y sembrar bondad en otros sin depender de su aprobación. Las personas no deciden tu destino, Dios sí lo hace. Y al único que debes escuchar es al que te formó en el vientre de tu madre y ya resolvió en qué tiempo se revelará ante ti tu propósito y cumplirás tu misión.

La vida también tiene una parte sin sentido. Sé que en una parte de la vida te tocará transitar en la tierra de lo ilógico. Son esas estaciones que te suceden que no encajan en ningún aparente plan. En el trayecto, sé que te pasarán cosas sin ninguna explicación. Muchas de las respuestas acerca de varias cosas que te pasarán en la vida no las podrás obtener en este lado de la eternidad. Te tocará confiar en el plan divino a la pregunta del porqué las cosas suceden y de la manera que suceden. Muchas veces Dios también permite las vueltas aparentemente innecesarias en un desierto. Reconcíliate con la idea de que muchas cosas no las entenderás mientras estés en esta tierra; pero eso no quiere decir que no tengan su propósito.

Estás caminando sobre el guion previamente escrito de tu vida. Estás viviendo tu vida en diferido. En los medios radiales y de televisión, la palabra «diferido» se refiere a una transmisión o programa que se emite con posteridad a su grabación. Es cuando miramos un partido de fútbol o de cualquier deporte, que ya pasó y ya hubo un resultado. No obstante, para los que vemos una transmisión diferida, nos toca vivirlo como la primera vez. Sentimos toda la carga de emociones que vienen con celebrar un gol o la anotación de nuestro equipo favorito. Pero los goles ya fueron celebrados, las tarjetas de anotación ya fueron dadas, las faltas ya fueron cometidas y las mejores jugadas ya fueron exhibidas para los presentes o los que miraron su transmisión en vivo. Dios ya estuvo en tu futuro porque Él ya escribió tu historia y conoce el resultado final.

El guion de tu vida ya fue escrito. El trabajo de un guionista es escribir una serie de sucesos que conforman la línea de continuidad de una historia que es llevada al cine o a cualquier producción televisiva o radiofónica. De igual manera, tu vida ya fue escrita por el Perfecto Guionista del Universo. Toda la continuidad de sucesos ya fue previamente escrita por Él. Ya son conocidos todos tus errores, tus aciertos, o las veces que tomaste malas decisiones. Fueron precisamente por tus errores y aciertos por los que fuiste escogido. Si Dios te marcó con un destino, no podrás huir de tu presencia.

Nada lo toma por sorpresa a Dios. Es muy probable que hayas leído en las Escrituras acerca de la negación de Pedro. Si nunca la has leído, se trata de que Jesús le dice a su discípulo Pedro que lo negará tres veces antes de que el gallo cante. Y por supuesto que así sucedió. Pedro negó que conocía a Jesús por miedo a las represalias que podía tener al afirmar que era parte de sus seguidores. Fue más que todo un acto de cobardía de parte de Pedro. Pero la lección que nos está enseñando esta parte de las Escrituras es que Dios ya sabe de antemano las veces que fallaremos y que aun así no cancela nuestro destino. El destino de Pedro no fue cancelado después de la negación. Aún tenía planes vigentes para este discípulo que muchos miraban nada más como un impetuoso y tosco pescador. Sin embargo, la gracia decidió cubrir los errores de Pedro con su manto y hacer grandes milagros por medio de él.

Te escribo a ti que te has sentido muchas veces culpable por los errores pasados. Sin conocer los detalles de tu historia, he venido a decirte que cuando fuiste elegido o elegida por tu Creador, ya se sabían de antemano tus fallas. Escribe en las tablas de tu corazón lo siguiente:

«Dios te ama cuando eres fuerte y cuando eres débil. Cuando estás en el pico de una montaña o cuando yaces en el frío valle de la debilidad. Su amor para ti es constante, no cambia».

No importa cuántas veces te hayas equivocado, las veces que hayas tomado malas decisiones o las veces que ofendiste a otros en el camino. Tu destino no ha sido cancelado, ni borrado tu propósito.

Los discípulos que estuvieron cerca de Jesús no fueron diferentes a nosotros con sus problemas y debilidades. Eran exactamente como tú y como quien te escribe; eran personas rotas, imperfectas, con una montaña de errores, muchos de ellos con toda clase de problemas en su pasado. Si Dios escogiera a gente perfecta, nadie podría ni siquiera pensar en emprender hacia un destino divino. Pero eres amado por quién eres, no por tu desempeño. Dios ve en ti lo que representas para Él. Fuiste escogido por encima de tus errores y siempre serás recibido en la casa del Padre con un abrazo.

Dios siempre correrá a tu encuentro. La única figura en las Escrituras acerca de Dios con la acción de correr está en la *Parábola del hijo pródigo*. El libro de San Lucas cuenta que un hombre tenía dos hijos, el menor de los dos le dijo al padre que le diera en vida la parte que le correspondía de la herencia, y así lo hizo el padre. Después de que el hijo menor recibió la herencia, el joven se fue a una provincia apartada y luego desperdició la herencia y vivió como le plació. Sin embargo, después de haber malgastado la parte de su herencia, dicen las Escrituras que alguien le dio trabajo de apacentar los cerdos en una hacienda. No mucho tiempo pasó y sintió hambre; al grado que se quería llenar su estómago con las algarrobas que comían los cerdos. Entonces volvió en sí y se dio cuenta de que había muchos jornaleros en la casa de su padre que tenían abundancia de pan, y él allí estaba padeciendo hambre. Y fue entonces cuando decidió levantarse, volver a su padre y decirle que había cometido un grave error.

Acércate nuevamente a la casa de tu Padre porque Él siempre correrá hacia ti al verte regresar. En esta parábola, dice claramente en el versículo 20 del capítulo 15 que el padre, cuando aún estaba lejos, lo vio, fue movido a misericordia y corrió a su encuentro. El padre del joven representa a Dios y el hijo pródigo eres tú, soy yo, somos todos. Nunca olvides lo siguiente:

Cuando te sientas sucio, indigno, inmerecido, sabiendo que has cometido múltiples errores o que en verdad has cruzado mucho la línea de lo que significa hacer las cosas bien, levántate y ve hacia tu Padre; porque siempre Él correrá a tu encuentro para recibirte con un abrazo, un beso y con una fiesta en tu honor por tu regreso. El Padre no corre hacia ti hasta que seas perfecto, Él corre hacia ti para recibirte así como estás.

Todos en uno o varios momentos en nuestra vida somos hijos pródigos. Nadie es mejor que nadie; ni nadie es más santo que nadie. Sin importar el nivel de éxito exterior que tengas, siempre estarás tratando con las partes rotas de tu alma. Todos estamos en reparación. Dios permite que las cosas sucedan en nuestra vida para mostrarnos el fallido intento de justificación hacia nosotros mismos y la necesidad absoluta de la gracia. Y es que en la vida, muchas veces nos alejamos de confiar en Dios y decidimos emprender nuestro propio camino. No hay nadie que en algún momento no hayamos sido un hijo pródigo.

Nadie fue puesto como juez de nadie. Se supone que estamos en esta tierra para ofrecer gracia, no para enjuiciar la vida del prójimo. Cualquiera que te diga o promueva que tiene una vida perfecta está mintiendo. Dios siempre permitirá que atravesemos situaciones que nos muestren nuestra incapacidad de poder vivir una vida perfecta por nosotros mismos. La sanidad de tu alma siempre es un trayecto. En el trayecto de nuestra sanidad, cometemos errores y tomamos decisiones egoístas. Erróneamente llegamos a pensar de que Dios pronto se dará por vencido con nosotros. Lo cierto es que el amor nunca se dará por vencido contigo. Vuélvete a equivocar mañana y verás cómo nuevamente los brazos de la gracia correrán a encontrarte. El amor siempre estará dispuesto a sufrir por ti, a creer en ti, a esperar por ti, y a soportar por ti. El amor siempre vendrá a cubrirte cuando otros te señalen y juzguen tus motivaciones.

El amor del que te estoy hablando es el tipo de amor que siempre tendrá un ingrediente principal: el sacrificio.

El verdadero amor es sacrificial. La manera en que Dios demostró la manera en que amó al mundo es que sacrificó a su Hijo; se sacrificó a sí mismo. ¿Cómo puedes saber si un hombre ama a su familia? Solo lo puedes saberlo si dicho hombre se sacrifica por ella. Si algo es verdadero amor, el ingrediente del sacrificio no puede faltar. El verdadero amor es más que cartas románticas, poemas y flores. Si alguien dice amarte y es verdadero, verás el ingrediente del sacrificio en el medio.

El amor divino lo recibes como un regalo. Una de las cosas más difíciles para el ser humano es aceptar el amor de Dios. Por mucho que sepamos que el amar es lo más importante, es como si aceptamos o rechazamos el amor de acorde a que tan sanos nos encontremos en nuestra alma. Si alguien ha sido lastimado en el pasado, es posible que dicha persona rechace el amar o ser amado. Desde que somos muy pequeños, nos enseñan a cuidarnos de no amar libremente por lo que otras personas heridas nos han transmitido acerca de las decepciones que puedan llegar a pasar en las relaciones con otras personas. Pero siempre el escoger amar, como todas las cosas que valen la pena, implica un riesgo. Escoge amar de todas maneras.

Recuerda que, por más profundas que sean tus heridas, nunca serán tan hondas donde el amor de Dios no logre llegar. No todas las personas vienen a quebrarte, algunas personas llegan a tu vida para ayudarte a volver a la sanidad. Siempre serán enviadas a ti las personas que ayudarán a cargarte para que accedas al milagro que anhelas.

El amor siempre irá por ti cuando otros te abandonen. El amor nunca se dará por vencido contigo y seguirá insistiendo en que vales la pena ser amado. El amor usará a quien tenga que usar para hacer llegar su mensaje. El amor te eligió estar contigo por la eternidad. Así dice *Romanos 8:35*, en una de las versiones, acerca de lo imposible que es que el amor se dé por vencido contigo:

«¿Quién podrá separarnos del amor de Jesucristo? Nada ni nadie. Ni los problemas, ni los sufrimientos, ni las dificultades. Tampoco podrán hacerlo el hambre ni el frío, ni los peligros ni la muerte».

¿Sabes? La vida es breve y muy frágil. Hoy estamos y mañana no. Solo por hoy podemos abrazar, dar y recibir amor, perdonar, dar esa palmada en la espalda, jugar con nuestros hijos, decir: «Te amo»; y esforzarnos en el hoy. Mañana no sabemos si tendremos esa oportunidad.

No tengo el privilegio de conocerte. Pero espero un día poder verte en el cielo, que nos demos un abrazo y que me cuentes cómo llegaste a ese destino que había sido escrito para ti. Como te mencioné en los primeros capítulos, no tengo ningún mérito por ninguna de estas palabras que has leído hasta aquí. Nada más soy un cartero que entrego mensajes de un corazón a otro. Mi única esperanza es un día llegar a casa con una mochila vacía porque entregué todos los mensajes, ver sonreír al Dios a quien sirvo y entrar en su Presencia. Gracias por nunca darte por vencido en creer en la esperanza. Ten siempre presente que sin importar en qué trayecto hacia tu destino te encuentres:

Dios ya estuvo en tu futuro y sabe que llegarás a destino.

RECONOCIMIENTOS

En este libro cuento memorias, historias y vivencias que he vivido y que otras personas muy amablemente han compartido conmigo. En algunas de las historias hablan de personas que no he conocido personalmente y en otros casos sus nombres han sido cambiados u omitidos para preservar su privacidad. Como un ávido lector y un aprendiz de la vida, han sido incontables los libros leídos, las memorias vividas y las enseñanzas aprendidas hasta el día de hoy, que en muchos casos no puedo recordar exactamente la fuente de determinada historia.

Estoy en deuda con todo el equipo de profesionales de Letrame Grupo Editorial. Gracias a mi editora Carmen Martin por todo el apoyo, profesionalismo y calidez desde el primer momento en que empezamos a trabajar. Gracias a todo el equipo de corrección, edición, maquetación, diseño, impresión, administración, promoción y distribución de Letrame Grupo Editorial. He sido bendecido por trabajar con el mejor equipo en el campo literario. Agradezco de manera especial al director Luis Muñoz García de Letrame Grupo Editorial, por darme la oportunidad de que este libro saliera a la luz y llegue a las manos de miles de personas alrededor del mundo por medio de tan prestigiosa casa editorial. Por siempre estaré agradecido.

Quiero aprovechar para agradecer a esos miles de personas que por más de una década han estado leyendo, compartiendo y publicando todo lo que su servidor les escribe diariamente en todas mis plataformas sociales. A partir de leer sus cientos de historias y testimonios es que me han inspirado a continuar escribiendo a través de los años hasta convertirse en un libro. Ustedes son esas generaciones que no se rinden en seguir creyendo en la esperanza. Les amo entrañablemente.

Finalmente, quiero agradecer muy especialmente a mi familia, a mis padres, a mi hijo y a todas las personas que siempre están conmigo y me apoyan de manera incondicional. Gracias a mi abuela Elida por mostrarme lo que significa el amor de Dios y la fe a muy temprana edad.

Y, sobre todas las cosas, gracias a Dios, a quien he servido todos estos años y cuyo suspiro un día escuché y supe que era momento de escribir el libro que se encuentra en tus manos. La gloria es tuya, Señor, por siempre y para siempre.

Cuéntanos tu historia

Al escribir este libro mi intención es que recibieras un mensaje de esperanza, dirección y fe a través de estas líneas. Hay un vacío en el alma de todo hombre que solo Dios puede llenar. Mi deseo no solamente fue nada más que fueras inspirado, sino también que seas guiado hacia el camino a tu destino abriéndole tu corazón al Hijo de Dios, Jesucristo. No hablo de tener o pertenecer a una religión o que te comprometas a seguir reglas humanas; nada más se trata de empezar una relación personal con Dios, para que desde ese punto donde te encuentras, empieces a ser guiado en el camino hacia tu destino. Si te parece bien, hagamos juntos la siguiente oración: «Señor Jesús, me arrepiento de mis pecados. Te pido que vengas a mi corazón y me guíes hacia destino. Te hago hoy mi Señor y Salvador».

¿Sabes, mi amigo? Acabas de hacer la mejor decisión de tu vida. Hoy has invitado al Salvador a tu alma para que mores con él eternamente y empieces un nuevo comienzo. Ahora puedes tener paz, gozo y la garantía de que irás al cielo.

Mi familia y tu servidor oramos por ti y te amamos. Espero tener el privilegio de algún día conocerte. Mientras tanto, qué grato será saber de ti y que nos cuentes tu historia.

Para contactarnos, escríbenos a:

P.O. BOX 4461 Garden Grove, CA 92842